la transformación de tú ser
y el despertar de tus dones

Yamil Morales

"LA TRANSFORMACIÓN DE TU SER... y el despertar de tus dones"

YAMIL MORALES MONTOYA

"LA TRANSFORMACIÓN DE TU SER... y el despertar de tus dones"

YAMIL MORALES MONTOYA

"EDITORIAL TINTA Y PAPEL"

"LA TRANSFORMACIÓN DE TU SER... y el despertar de tus dones"

YAMIL MORALES MONTOYA

"LA TRANSFORMACIÓN DE TU SER... y el despertar de tus dones"

YAMIL MORALES MONTOYA

Queda rigurosamente prohibido bajo las sanciones establecidas en las leyes. La reproducción total o parcial de esta obra por cualquier medio o procedimiento electrónico o mecánico o cualquier otra forma, sin permiso del autor.

Copyright

"LA TRANSFORMACIÓN DE TU SER... y el despertar de tus dones"

YAMIL MORALES MONTOYA

"LA TRANSFORMACIÓN DE TU SER… y el despertar de tus dones"

YAMIL MORALES MONTOYA

"No tienes que demostrarle a nadie que puedes hacerlo y mucho menos vencer al mejor. Solo demuéstrate a ti, que naciste para hacer grandes cosas y ser feliz"

AUTOR: **YAMIL MORALES MONTOYA**

"LA TRANSFORMACIÓN DE TU SER... y el despertar de tus dones"

YAMIL MORALES MONTOYA

www.reikisamadhi.com

tiktok reikimagia11

*"LA TRANSFORMACIÓN DE TU SER...
y el despertar de tus dones"*   **YAMIL MORALES MONTOYA**

"LA TRANSFORMACIÓN DE TU SER... y el despertar de tus dones"

YAMIL MORALES MONTOYA

Índice

Introducción ………………………………………	11
Capítulo 1: "Las virtudes" ………………………..	29
Capítulo 2: "Los valores" ……………………….....	39
Capítulo 3: "Los talentos" ………………………..	51
Capítulo 4: "Sin rumbo" …………………………..	63
Capítulo 5: "Los golpes de la vida" ………………	73
Capítulo 6: "El viaje" ……………………………..	87
Capítulo 7: "La religión" ……………………….....	105
Capítulo 8: "Encontrando mi ser" ………………..	119
Capítulo 9: "De artista a líder" …………………..	139
Capítulo 10: "La transformación" ……………..….	165
Capítulo 11: "El camino del héroe" ……………....	183
Capítulo 12: "¿Cómo despertar los dones?" …….…	197

"LA TRANSFORMACIÓN DE TU SER... y el despertar de tus dones"

YAMIL MORALES MONTOYA

"LA TRANSFORMACIÓN DE TU SER... y el despertar de tus dones"

YAMIL MORALES MONTOYA

Introducción

¿Estás preparado para introducirte a un viaje místico y sobrenatural? Aquí te contaré cada paso de lo que caminé, hasta convertirme en un maestro espiritual y sanador, lo cual tú también puedes alcanzar. Todos tenemos la capacidad, el valor y el coraje para transformarnos en nuestra mejor versión, cuando surge el llamado al despertar espiritual. No te preocupes que Dios y las fuerzas ocultas te ayudarán a alcanzar lo que tú tanto anhelas, eso que todo el mundo busca.

Solamente hay 3 cosas en la vida que todas las personas buscan: La Paz interna, la salud y el bienestar; así que, si estás leyendo este libro es porque quieres cambiar la manera en que piensas, vives y sobre todo tener una buena salud. Yo ahora tengo 47 años, te puedo decir que no sufro de ningún tipo de enfermedad... gracias a Dios y a saber gestionar mis emociones.

Ahora puedo decir que no tengo ningún tipo de enfermedad y eso que hay más de 500 enfermedades hasta el día de hoy. Por eso decidí esperar hasta este momento, para poder plasmar lo que durante todos estos años he podido aprender, dándole a conocer a las personas que sí se puede vivir sin enfermedades, a no ser que vengas con una discapacidad, ya que las almas vienen a aprender y ayudar a las otras almas alcanzar sus virtudes.

Cuando un alma viene con un cuerpo teniendo una discapacidad, es porque en algún momento esa persona generó muchos karmas, entonces el alma que está preparada para afrontar el reto y ganar la virtud que tanto necesita para poder avanzar, en su ciclo de vida lo hará. Porque recuerda, las almas solamente sienten porque tienen un cuerpo y un cerebro que genera los sentidos. Mientras estamos en la Tierra experimentamos todas esas sensaciones, pero realmente el alma sin cuerpo no emite los 5 sentidos que el cuerpo tiene. El alma es energía, una chispa divina del creador.

Dios te mando para que disfrutes de lo que él hizo para ti. Yo te voy a contar como yo, un niño con un gran problema de gaguera logró transformarse en un maestro espiritual y sanador. Sé que te preguntarás ¿qué es gaguera?... te lo voy a decir. Hay dos tipos de personas: el gago y el tartamudo. El gago comienza a decir una palabra y se queda pegado en cada palabra que dice; el tartamudo repite cada una de las palabras, pero también, le cuesta sacar las palabras. ¿Quién lo pasa más mal?... el gago, porque no puede tener una conversación muy fluida con ninguna persona.

Te cuento esto, porque sé que muchas personas se van a identificar conmigo, o alguien de la familia estará padeciendo este problema; con este contenido que voy a dejar plasmado, podrás ayudarle a un familiar o amigo; sobre todo, si tú lo padeces, podrás saber cómo deje de ser gago, para convertirme en un líder de más de 200 artistas en la ciudad de New York, saliendo en todos los periódicos y noticieros de esa hermosa ciudad, que todo el mundo desearía conocer.

También te contaré cómo siendo adolescente, cometí un gran error que me encarcelaría por 25 años... hay gente que se pasa toda su vida en esa cárcel. Ya sabes de qué te estoy hablando... las famosas drogas y bebidas alcohólicas, que han destruido familias, hogares e imperios. Esas dos drogas son peor que un cáncer... ¿por qué te digo que son peor que un cáncer?... porque no te dejan vivir, ni disfrutar de esta maravillosa vida; en cambio, el cáncer, sabes que, si haces las cosas bien, podrás salir ileso de ese mal.

Y si no lo haces, de todas formas, no pasarás mucho tiempo en este mundo y se acabará el sufrimiento. En cambio, las drogas y el alcohol, te van quitando poco a poco todo lo que tú amas, llevándote a la pobreza extrema, hasta hacerte sentir que no vales nada.

Pero mi amigo o amiga Te voy a contar cómo también deje el tabaco (o sea fumar). Te voy a contar todo paso a paso, de cómo salir de esas tinieblas a la luz, porque ¡SÍ!... yo lo hice... ¡Tú también puedes! Recuerda que, para conocer el cielo, tienes que conocer la oscuridad. Solamente los únicos que pueden ayudar a estas personas, es el maestro que ha estado en esa oscuridad. Por eso digo, si un maestro no ha estado nunca en la oscuridad, ¿cómo puede proclamar la luz a los demás?

Así que veo que ya estás animado, esto es solo el principio de todas las dudas que te voy a aclarar, para que tengas una vida llena de salud, sabiduría y dones; esta es la única riqueza que hay, el dinero solo es una energía maravillosa que hay que saber respetar, al igual que administrar, para poder ayudar y alcanzar tus objetivos como alma.

Lo único que te voy a pedir, si quieres cambiar tu vida, la manera en que piensas y quieres emprender este viaje, vas a necesitar 4 cosas para hacer cada día, con el objetivo de, en poco tiempo, transformar tu ser y despertar tus dones. La primera, buena actitud. La segunda, motivación. La tercera, disciplina y la cuarta, aprender a decir ¡NO!... El "No", es una respuesta muy positiva que te va a sacar de muchos problemas, cuando no tenemos todavía desarrollado nuestro carácter y personalidad.

Te pongo un ejemplo: Tú tienes un amigo que es muy bueno contigo, tú acabas de llegar de trabajar un sábado, no tienes ganas de salir pues sabes que mañana tienes que ir otra vez a trabajar y te acuestas en la cama para ver Netflix (para poder descansar para el otro día) Ahora Tú amigo te llama para invitarte a la discoteca con unas amigas que tiene. ¿Tú qué haces? Lo más probable es que le digas que ¡sí!, sin medir las consecuencias de lo que puede suceder.

Lo que va a suceder, si te gusta tomar, es que te emborraches, por consiguiente, no vayas a trabajar por qué llegaste tarde a casa y lo más probable, es que hayas gastado mucho dinero en esa salida, perdiste tu día de trabajo y de repeso tienes una resaca que no te gustaría tener: vomitas todo el día, te da dolor de cabeza y esto sin agregar, que tengas un accidente de camino a casa, o que en la discoteca puede haber alguna pelea que te involucre y acabes matando a alguien, o acabes en la cárcel.

Mira todo lo que te he dicho hasta ahora, por decir solamente a tu amigo… ¡SÍ!

Pero cambiemos la perspectiva, digamos que le dices a tu amigo ¡No!... que no quieres salir, pero él te dice de nuevo y te insiste. Le repites: ¡ya te dije que no quiero salir! porque quiero descansar y mañana debo ir a trabajar. Vuelve y te dice: mira que van a ir unas amigas, que están muy guapas, vamos a ir un par de horas y regresamos. Ahora te voy a decir la tercera respuesta que puedes darle a la persona, que yo llamo "el disco rayado del ¡no!" y te va a sacar de cualquier tipo de compromiso…

… Le dices de nuevo muy tranquilo y sereno: ya sé que tú deseas ir y me alegra que te diviertas, pero ya te dije que ¡yo no quiero salir porque prefiero descansar!, gracias por invitarme. Entonces sigues así, con la misma versión, hasta que se canse. Esto se llama "la técnica del disco rayado", la cual te ayudará a fortalecer el ¡No!; si has visto, no se presentó ningún problema como en el caso del sí. Muchas veces creemos que lo positivo siempre es bueno y lamentablemente, no es así.

En este caso, el ¡NO!, salió positivo porque libro de muchas cosas, que hubieran pasado por el solo hecho de decir ¡SÍ! Así que, si estás preparado para leer este libro y comprometerte contigo mismo, es porque tu alma, encontró el maestro que te va a ayudar alcanzar la cima de la montaña, que nadie se atreve a escalar. Siempre para poder escalar una montaña como el Tíbet, lo primero es asumir el reto. Lo segundo necesitarás herramientas (el equipo adecuado). Planificar la ruta, donde lo más importante es el guía que te llevará hasta la cima y cuando ya estés hay… sabrás lo que te costó y créeme, que valorarás cada paso que hiciste, no volverás a ser la persona que pensaste que eras.

El cuerpo humano posee 7 cuerpos… ¡Sí!, sé que suena loco para ti, pero te voy a decir por qué 7 cuerpos. Sabes, una persona es un ser espiritual con tres cuerpos superiores y cuatro inferiores. A esos cuerpos le llaman "aura". El "aura" es un óvalo que rodea nuestro cuerpo, entre más consciencia tengas, más grande se desarrolla.

Se reconoce que la energía del aura es electromagnética, que se da por la actividad de corrientes eléctricas en nuestro cuerpo. Pero el aura es mucho más que un campo electromagnético, empezando que cada una de las principales energías que conforman el aura tienen un color y una función específica en el plano espiritual. También poseemos siete chacras y a través de ellas, los siete cuerpos pasan información al cuerpo físico.

Estos cuerpos son: el físico, el etérico o vital, el astral, el mental, el causal, el alma y el espíritu divino. Cuando estamos en esta vida, estamos en una hipnosis, o sea la "Matrix" que todo te distrae, creyendo que la mente es la que te guía y te dice que hacer... pero no. Cuando llega el momento de despertar y escalas la montaña comenzarás a vivir la mejor vida que estaba esperando por ti, hace muchos años y te saldrás de la "Matrix", del vivir dormido y disfrutarás cada momento y lo más importante... ¡lo sentirás!... ¡lo apreciarás! y le darás gracias a Dios por mostrarte este libro.

Cada letra en este libro es de lo que yo saqué de mi experiencia de vida, no es inventado, es 100% real y vivido; por eso doy fe que es verdad, que se puede salir del tartamudeo, de las drogas, las bebidas alcohólicas y el tabaco. Sobre todo, tener las tres cosas que todo el mundo busca y que está al alcance de todos: ¡Paz interna!, Buena salud y bienestar. Ahora yo te ánimo a que empecemos el viaje, no te preocupes, yo te voy a entrenar para que saques todo lo que está dormido en ti; espero que no me culpes si en algún momento no tienes los resultados que esperabas, pero si tú no haces lo que te indico en este libro, no tendrás los resultados que yo he tenido.

Siguiendo todo al pie de la letra, tome el tiempo que tome, yo sé que lo conseguirás. Dios no te pide que lo hagas todo de un golpe o a contrarreloj... ¡no!... Él te dice que des el primer paso y ya él te irá mostrando lo que estás destinado a hacer. Recuerda todos somos maestros en esta tierra, cumpliendo diferentes tareas que han sido asignadas para nosotros. Cada persona tiene la responsabilidad de asumir lo que vino a prender y si no lo hace en otra vida lo tendrá que hacer... ¿estás listo?... ¡empecemos!

Te deseo lo mejor en este viaje, cuando ya lo logres, no te olvides de mandarme una foto en lo que te convertiste y un mensaje detrás, porque así sabré que pude ayudar, no solo a ti, sino también los que están a tu alrededor y conviven contigo; porque si una persona cambia, las otras se motivarán a hacerlo también.

Namaste.

"LA TRANSFORMACIÓN DE TU SER… y el despertar de tus dones"

YAMIL MORALES MONTOYA

"LA TRANSFORMACIÓN DE TU SER... y el despertar de tus dones"

YAMIL MORALES MONTOYA

"LA TRANSFORMACIÓN DE TU SER... y el despertar de tus dones"

YAMIL MORALES MONTOYA

"EDITORIAL TINTA Y PAPEL"

DIRECTORA: JEANETH SUAZO

Revisora de Estilo: Jacqueline Porras Becerra

Diseñador de Portada: Juan Miguel Gómez Durango

"LA TRANSFORMACIÓN DE TU SER... y el despertar de tus dones"

YAMIL MORALES MONTOYA

"LA TRANSFORMACIÓN DE TU SER... y el despertar de tus dones"

YAMIL MORALES MONTOYA

Este libro va dedicado ...

A la madre tierra **Gaia**, por darnos todo lo que hay en ella.

A mi madre Blanca Alicia Montoya Ossa, a mi padre Fabio Morales Vallejo... donde quiera que este reencarnado "Dios lo ilumine en esa nueva vida"; **¡Gracias!** por los valores y talentos que aprendí de ustedes... **¡los amo con toda mi alma!**

A mis ancestros de la familia Morales Montoya, mis hermanos Edgar, Fabio Davinci, Luz Mari, Luz Marina, Ángela, Gloria Emilce; y a mis tres hermanos fallecidos María Rosalba, Fabián y Jaime. **¡Gracias!** porque de ustedes aprendí mucho, sin ustedes nada de esto hubiera sido posible... **¡los amo!**

A mis maestros: Renate Schmolller y Alfonso Leiner; cómo también, a los demás maestros que me dieron su aprendizaje.

A mis exparejas por ser mis maestras.

A mis hijos **Jaime y Maikol... ¡Los amo!**

A mi esposa Martha Cecilia: Por estar conmigo en estos 9 años, por ser parte de mi transformación; mi amiga y esposa a la vez, que Dios ilumine nuestro camino, fortaleciendo siempre este amor...

¡TE AMO!

"LA TRANSFORMACIÓN DE TU SER... y el *despertar de tus dones"*

YAMIL MORALES MONTOYA

"LA TRANSFORMACIÓN DE TU SER... y el despertar de tus dones"

YAMIL MORALES MONTOYA

"LA TRANSFORMACIÓN DE TU SER... y el despertar de tus dones"

YAMIL MORALES MONTOYA

"LA TRANSFORMACIÓN DE TU SER... y el despertar de tus dones"

YAMIL MORALES MONTOYA

Mi nombre es Yamil Morales, soy de Colombia. Nací en Florida, Valle, el 26 de septiembre de 1976. Actualmente tengo 47 años. Casado, padre de 2 hijos. Soy Terapeuta Holístico. Mi formación como maestro de Reiki e intérprete de tarot, la hice en el "Centro Satori Samsara". Mi Máster Clínical Hypnotherapist lo realicé en "Amo Academy". Me formé en regresiones a vidas pasadas en "Udemy"; el Técnico Profesional en Parapsicología y Alta Magia la hice en "Acepa" (Academia Europea en Parapsicología). De igual manera, soy terapeuta en Terapia Piramidal en el "Centro Universitario de Alternativas Médicas"; experto en Psicología Holística en "IEPMA" (Instituto Europeo de Medicina Alternativa y Psicología Holística). Formado en Terapia con Imanes Biomagnetismo en "IEPMA". Por último, Terapeuta en Constelaciones Familiares en "Eudes Universitas". Actualmente vivo en Londres (Inglaterra).

"LA TRANSFORMACIÓN DE TU SER… y el despertar de tus dones"

YAMIL MORALES MONTOYA

"LA TRANSFORMACIÓN DE TU SER…
y el despertar de tus dones"   *YAMIL MORALES MONTOYA*

"LA TRANSFORMACIÓN DE TU SER... y el despertar de tus dones"

YAMIL MORALES MONTOYA

"LA TRANSFORMACIÓN DE TU SER... y el despertar de tus dones"

YAMIL MORALES MONTOYA

Capítulo 1

Las virtudes

Cuando el alma decide embarcar a esta vida, lo decide por cuenta propia, escoge todo lo que va a experimentar empezando por: su nombre, padres, familia, la raza, dónde va a vivir, los retos que va a enfrentar en su vida; las virtudes que va a ganar, de acuerdo con los retos que se enfrenta; en conclusión, el alma escoge todo, hasta el papel que va a desempeñar, recuerda que cuando Dios hace cada alma la hace con cero programaciones para que esa alma aprenda su propia experiencia.

Te lo voy a dejar bien claro todo para que lo puedas comprender, así todo el mundo puede saber para qué estás aquí, cuando ya hayas escogido todo lo que te dije anteriormente... Empieza el viaje hoy con las almas que ya se han despedido y las que están ahora en este momento en la Tierra, incluido tú. Tienen más de cuatro vidas, no pueden tener menos porque con la conciencia que tienen no resistirían este mundo tan hostil.

Por eso a partir de la cuarta vida puedes venir a este mundo llamado Tierra, habiendo cosechado o desarrollado las virtudes de hoy, con las que vienes a la Tierra y las que vas a tener que ganar. Te voy a hacer un pequeño recuento de algunas de las virtudes que hay, con muchas de las cuales te vas a identificar. Este ejercicio te lo pongo para que veas claramente lo que vas a tener que trabajar, si te falta alguna de ellas, porque lastimosamente para acceder al cielo tenemos que iluminarnos;

entre otras palabras, ser perfectos, como tu Padre que está en el cielo es perfecto, al igual que Los Ángeles, si no, tendrás que seguir encarnando una y otra vez.

Recuerda que te lo voy a poner muy práctico para que puedas sacar todo tu potencial y te quede más fácil de lo que me costó a mí. Cuando empecé mi espiritualidad tuve que pagar muchos libros, muchas aplicaciones de libros y no tuve la fortuna de tener un guía para poder llegar hasta donde estoy ahora. Solo sigue al pie de la letra todos mis consejos y te aseguro que no volverás a ser el mismo. Por eso es muy importante que conozcas las virtudes que tú tienes, como también los defectos y las virtudes y defectos que vas a tener que trabajar.

Cada persona viene a esta Tierra, con las virtudes, los talentos y los dones que se ha ganado. Pero las virtudes que le faltan también tienen que ganárselas; al igual que los dones que ya posees, tienes que <u>despertarlos</u>. Por eso, amigo mío, la vida es muy bella, porque si no trabajas sería una vida sin esfuerzo y la vida sin esfuerzo amigo mío es como si fuéramos robots… ¡no valdría la pena!

Empecemos el ejercicio: Busca una hoja y un lápiz para que apuntes las virtudes que te faltan, como también, los defectos qué tienes; recuerda que los defectos son energías negativas y por ende debemos sacarlas.

Aceptación, responsabilidad, gratitud. Asertividad, respeto, cuidado, generosidad, precaución y prudencia. Alegría, limpieza, compromiso, compasión, confianza, cooperación, sentido del humor, valentía, coraje, creatividad y democracia. Persistencia, empatía, decisión, devoción, dignidad, integridad; paciencia, tolerancia, autocontrol, resistencia, entusiasmo, resiliencia, justicia, lealtad, flexibilidad mental, autenticidad, perdón, amistad, autonomía, autorreflexión, sacrificio, autoconciencia, optimismo, autoestima, saber escuchar, amor propio, honor, sagacidad, experiencia, honradez, bondad, perspectiva, misericordia, nobleza y la gracia divina.

Estas son la mayoría de las virtudes que el ser humano necesita, para poderse iluminar y despertar los dones cuando comienzas el proceso espiritual; o sea, la transformación de tu ser. Es donde comienzas a trabajar las virtudes que de momento te faltan, porque como lo has notado… te faltan un par de ellas. Por eso de la única forma que podemos comenzar nuestra transformación, es reconociendo lo que tenemos y lo que falta por trabajar, ahora que ya sabes, apuntado las virtudes que te faltan.

Ahora vamos a la parte que no nos gusta, la parte de reconocer nuestros defectos o energías negativas, que todo el mundo ha comenzado a dejar que sea aposenten en nuestro cerebro, porque recuerda, nuestro cerebro es como un ordenador que archiva absolutamente todo; por eso es muy importante saber cómo hablas ante los demás, porque de la misma forma atraerás todo eso a tu vida, si en tu vida no tienes control de tus palabras es porque "tu mente te gobierna", pero hay algo mucho más fuerte que la propia mente al que yo llamo "la mamá de la mente" que es el **EGO**…

… No lo sientes ni sabe dónde está, pero es el causante de todo este mundo hostil que hay en el momento. Para que lo conozcas te voy a pedir que hagas el mismo ejercicio de antes, pero en esta ocasión vas a anotar todos los defectos, energías negativas o pecados; estos tres están encerrado en uno mismo… el mal. Todo esto lo puede tener un humano, por eso también te identificarás con alguna de ellas, tal vez, van a ser más que las virtudes que tienes, por eso es muy importante que empieces cuanto antes… no te estoy diciendo que lo hagas todo de una vez, sino que empieces paso por paso, porque eso es lo que Dios quiere para ti, para eso te da mucho tiempo y cuando te digo de "tiempo", es porque él hace muchas vidas, hasta la que en el momento tienes.

Se habla que, al alma, Dios le da 13 vidas, si en el transcurso de las 13 vidas no te has transformado, vuelves otra vez a la fuente de dónde eres. Creo que habrás escuchado en algún momento sobre "la rueda del Samsara". Si no has oído, te voy a decir de que se trata para que lo tengas más Claro. "La Rueda del Samsara", e donde toda nueva vida siempre nace, de una vida anterior, en un ciclo eterno de nacimiento, vida, muerte, y renacimiento… sin principio ni final.

Mientras que permanezcamos ignorantes, apegados y con odio, continuaremos creando "karma", por lo tanto, continuaremos renaciendo en este mundo lleno de dolor y sufrimiento; así que, el "Samsara", yo lo escribo como la ignorancia.

Ahora sí pasemos al ejercicio:

Abuso, aislamiento, apatía, avaricia, baja autoestima, celos, chantaje, deshonestidad, deslealtad, desmotivación, egocentrismo, egoísmo, envidia, evasión, explosividad, falta de carácter, falta de límites, fantasiosos, fatalismo, hipocresía, impulsividad, inconsciencia, inestabilidad, inexpresión , infantilismo, infidelidad, ingobernabilidad, ingratitud, insensibilidad, intolerancia; mal padre, mala pareja, manipulación, maximizar, mentira, miedo, necedad, negación, negatividad, negligencia, obsesión, odio, orgullo paranoia, pasividad, pereza, perfeccionismo, permisividad, pobreza espiritual, posesividad, racionalización, renegación, resentimiento, rigidez, sarcasmo selectivo, soberbia, tacañería, vanidad, venganza, violencia, lujuria, altivez, prepotencia, gula, asesinar.

Son muchos más, pero esto te lo puse para que observarás donde estás ahora. Ya que conoces las virtudes que te hacen falta y el mal que posees, es hora de que empecemos, conociendo una parte de mí, porque al conocer mi historia te identificarás conmigo y podrás cambiar tu vida y tú historia; si tú cambias los que están a tu alrededor también cambiarán.

Vamos a hacer un ejercicio para identificar en que vibración estás, con los resultados obtenidos, podrás comprar en la tabla del doctor Hawkins, en que conciencia estas o nivel vibratorio. Vas a necesitar una brújula digital o física, un vaso de agua para tomar: primero te tomas el agua, esperas 7 minutos y luego te paras mirando hacia el norte, con los brazos hacia abajo y pegados a cada una de las piernas, con los pies juntos.

"LA TRANSFORMACIÓN DE TU SER…
y el despertar de tus dones" — YAMIL MORALES MONTOYA

Cierra los ojos, vas a preguntar al ser que llevas dentro "dame un ¡sí!", él te va a mover hacia delante; luego le peguntas dame un ¡No! él te va a mover otra vez, puede que sea hacia un lado o hacia atrás. Ya que sabes cuál es un sí y cual es no, le vas a volver a preguntar en qué nivel de vibración o conciencia estas, empieza por 20 y vas subiendo según la escala de la tabla del doctor Hawkins, la cual te comparto, para que veas tu resultado y empieces a trabajar cuanto antes en lo que realmente importa… **¡desarrollar virtudes!** ... No hay más que buscar en esta vida.

Mapa del doctor Hawkins

EL MAPA DE LA ESCALA DE LA CONCIENCIA®

Visión de Dios	Visión de la Vida	Nivel	Logaritmo	Emoción	Proceso
Ser	Es	Iluminación	700-1.000	Inefable	Conciencia pura
Omnisciencia	Perfecta	Paz	600	Éxtasis	Alumbramiento
Uno	Completa	Alegría	540	Serenidad	Trasfiguración
Amoroso	Benigna	Amor	500	Reverencia	Revelación
Sabio	Significativa	Razón	400	Comprensión	Abstracción
Misericordioso	Armoniosa	Aceptación	350	Perdón	Trascendencia
Inspirador	Esperanzadora	Disposición	310	Optimismo	Intención
Capacitador	Satisfactoria	Neutralidad	250	Confianza	Liberación
Permisivo	Factible	Coraje	200	Afirmación	Empoderarse

Niveles de verdad

Niveles de falsedad

Indiferente	Exigente	Orgullo	175	Desprecio	Engreimiento
Vengativo	Antagonista	Ira	150	Odio	Agresión
Negador	Decepcionante	Deseo	125	Deseo imperioso	Esclavitud
Punitivo	Atemorizante	Miedo	100	Ansiedad	Retraimiento
Desdeñoso	Trágica	Pena	75	Remordimiento	Desaliento
Condenador	Desesperada	Apatía	50	Desesperación	Renuncia
Rencoroso	Maligna	Culpa	30	Culpabilidad	Destrucción
Despectivo	Miserable	Vergüenza	20	Humillación	Eliminación

Por encima de 200: niveles de verdad
Por debajo de 200: niveles de falsedad

"LA TRANSFORMACIÓN DE TU SER... y el
despertar de tus dones"
YAMIL MORALES MONTOYA

El yin yang

El yin y el yang, es el bien y el mal. Tiene dos lados el femenino que es el "yin" y el masculino el "yang", por eso son dos polaridades. Que hacen referencia a lo positivo y lo negativo; el día y la noche; la luna y el sol; la vida y la muerte; la tierra y el cielo. La vida es un equilibrio, en cada persona buena siempre va a habitar el mal, la persona cuando se transforma decide a cuál lobo va a alimentar más… si al bueno o al malo. Entonces el yin yang es lo malo y lo bueno, lo malo dentro de lo bueno, lo bueno dentro de lo malo… el yin yang es la vida.

"No te preocupes por tus defectos. preocúpate más bien por desarrollar tus virtudes, porque cuando lo hagas, verás toda tu luz."

Autor: Yamil Morales Montoya

"LA TRANSFORMACIÓN DE TU SER... y el despertar de tus dones"

YAMIL MORALES MONTOYA

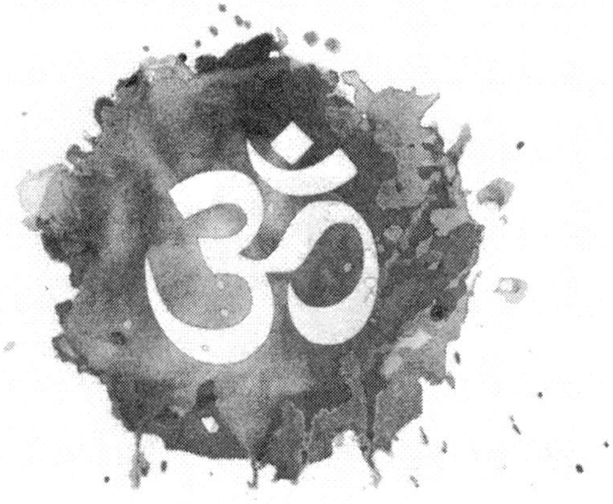

"LA TRANSFORMACIÓN DE TU SER... y el despertar de tus dones"

YAMIL MORALES MONTOYA

Capítulo 2

Los Valores

Cuando tenía 6 años era un niño muy intuitivo y servicial; se me daba muy bien el estudio; en ese entonces, la escuela daba lo que era una bandera que la ponían en el bolsillo de la camisa del uniforme, a los niños qué ocupaban el primer lugar cada mes, tanto en materias, como en disciplina; yo era uno de ellos siempre, me gustaba ocupar el primer puesto no por creerme más que los demás, sino para mostrarle a mi madre y que se sintiera orgullosa de mí.

En esa escuela hice mis primeros 3 años, pero siempre ocupando el primer puesto. Luego pasé a otra escuela, para ese entonces ya tenía 9 años. En mi casa paterna, mi madre nos enseñó el respeto a las personas, tanto en la familia como por fuera de la casa; también nos enseñó la empatía, porque cada día a la casa llegaba un mendigo que le decían "Checho tira piedras", era de color oscuro, muchas personas le decían el apodo para solo molestarlo y que él se enojara, entonces tiraba piedra muy enojado.

Todos los días se la pasaba así, entonces él arrimaba a la casa para que mi madre le diera aguapanela y una arepa, es lo que mi madre le podría ofrecer en ese momento ya que en nuestro hogar había falta de alimentos. Cada acción de una madre o padre va a influir mucho en la vida de cada niño, porque los niños son como esponjas… absorben todo. Al ver yo, que mi madre podía alimentar a esta persona, <u>tuviera el aspecto que tuviera</u>, nos enseñó, nos transmitió los valores que cada persona debería tener: el respeto al prójimo, la bondad, la sola la solidaridad, la empatía, la caridad, el amor; entre otros.

Pero volvamos atrás, cuando estaba pequeño, más o menos de cuatro a 5 años, me perdí… "Checho tira piedras" me encontró, me llevó de la mano y me entregó a mi madre; gracias a él puedo contar y plasmar lo que en el momento estoy haciendo, así fue como comenzó el que Checho todos los días fuera a tocar la puerta de mi hogar, yo siempre le abría la puerta y le pasaba su agua panela con arepa.

Carecíamos de economía, pero no comíamos mal, pero tampoco muy bien, ya que había escasez de dinero en nuestro hogar y no porque no llegara a la casa, sino porque mi padre era bebedor, jugador y mujeriego; él tenía muy buena suerte, tanto en el trabajo, como en el chance que jugaba (el chance es como una lotería, sino que se gana más poco). Él mismo tenía su talonario, hacia sus números, con un tipo de matemáticas, donde sabía qué números iban a salir al otro día o en la semana.

Ganaba mucho dinero, pero con ese dinero hacia otras cosas, menos responsabilizarse de los nueve hijos que tuvo y otra hija por fuera del matrimonio. Mi padre bebía 6 días en semana y uno para la resaca. Cuando llegaba a la casa, aproximadamente las 3:00 de la mañana, siempre me levantaba a mí, para que le pusiera los discos que a él le gustaba escuchar y me tenía que quedar con él hasta que llegaba la hora de irme a estudiar, todos los días me tocaba lo mismo; no podía descansar como lo hacen los niños, pues me iba a las 7am a estudiar y cuando llegaba de estudiar, todavía seguía tomando, así que tenía que seguirle colocando discos hasta que se fuera para la calle.

La mayoría de las veces siempre procuraba estar por fuera de la casa para que no me dijera a mí que le pusiera música. En la calle me divertía mucho con mis amigos, jugaba a todo: al escondite, al ponchado, a la rayuela, vuelta a Colombia, a las tapas, al trompo, fútbol, quiebra huesos,

"LA TRANSFORMACIÓN DE TU SER...
y el despertar de tus dones"   YAMIL MORALES MONTOYA

a las bolas, al frisbee, al zumbambico, al yoyo, a los caramelos, al monopolio, a las cartillas de Memin y otros juegos más que hay. Recuerdo haber tenido muchas peleas con amigos de barrio, porque se burlaban de mí, al no poder hablar fluidamente... pues era "gago".

Esto no llegaba a mucho, al otro día no había rencor, seguíamos jugando a lo que nos apetecía, tuve muy buenas amistades en el barrio mientras que iba creciendo, al igual siempre me dejaba llevar por el amor, nunca envidié, fui egoísta o guardé rencor a ninguna de mis amistades o familia; digo familia porque solía ir a jugar con un sobrino menor que yo, él era hijo de un árabe y una hermana mía. Yo iba a jugar con él, también me quedaba en la casa de mi hermana uno que otro día.

Un día se me ocurrió la idea de robar del escritorio que tenían en el almacén, era muy pequeño, tenía aproximadamente 8 años, cuando saqué billetes de la caja, era para comprar juguetes o dulces, porque mi padre no nos daba nada y siempre mantenía el bolsillo sin una moneda; entonces al tomar los billetes, viendo que no se enteraban, decidí hacerlo una y otra vez; era muy niño e inocente, creí que no sea darían cuenta hasta que un día... me cogieron, siempre solía robar en la noche cuando ellos estaban en la alcoba.

Me desplacé hasta el lugar cogí los billetes y a los 5 minutos me llamó mi hermana, mi padrino no estaba allí, el esposo de mi hermana, mi hermana me preguntó: ¿tu cogiste billetes del escritorio?, yo no lo podía negar, le dije que ¡sí!... y me soltó una cachetada fuerte, me advirtió que nunca volviera a hacer eso, llorando le dije: ¡discúlpame, no lo volveré a hacer!, en ese momento me enseñó la lealtad que se le debe dar a la familia, la confianza que ellos depositan en uno y sobre todo a no tomar nada de lo que no es mío; mi hermana me enseñó el valor de la honestidad, también, gracias a ella, pude tener educación, pues se encargó de costearme los estudios, para que pudiera valerme por mí mismo; mientras iba cumpliendo más años, más cosas iba aprendiendo desde mi hogar.

"LA TRANSFORMACIÓN DE TU SER...
y el despertar de tus dones"   YAMIL MORALES MONTOYA

Lastimosamente, fui abusado siendo un niño por miembros de mi familia, no voy a entrar en detalles de quién fue y qué me hizo, lo importante es que hasta el día de hoy no guardo rencor con nadie. Las almas cuando vienen a esta Tierra vienen con virtudes que ya han desarrollado; en mi caso, en otras vidas desarrolle la virtud del **"perdón"**.

Recuerdo que también iba donde un primo de mi sobrino, quien también era de descendencia árabe, él tenía una hermana y jugábamos en su casa porque no los dejaban salir fuera de su casa; yo conocía muchos juegos de calle, pero ellos tenían algo de lo en mi niñez carecía... juguetes... ellos tenían muchos juguetes; entonces siempre iba a jugar con ellos quedándome horas y horas. A veces cuando llegaba la hora del almuerzo, a las 12:00 del mediodía (hora Colombia), el padre subía almorzar, yo me tenía que esconder para que no me viera, porque no le gustaba que sus hijos jugaran con gente latina, en cambio la madre de ellos es colombiana... un bello ser, siempre fue linda conmigo, nunca me llegó a ser mala cara, antes le gustaba que yo jugara con sus hijos porque conocía a mi hermana Rosalba... tengo muy bellos recuerdos de ellos, hasta el día de hoy sólo he podido hablar con la madre y con uno de ellos.

Te cuento también, esta historia que alberga una trágica historia, del padre de ellos. Esa familia pasó una de las más crueles historias que se pueda contar, voy a narrarla con otros nombres para que no se sientan ellos comprometidos:

Al padre lo llamaremos Hassan, al hijo lo llamaremos Jamal, la madre Sofía y a la hija Clara. Se veía una familia hoy muy unida y respetuosa, lastimosamente en todos los hogares siempre se muestra el lado bueno, pero nunca el lado oscuro. Cuando ellos se fueron a vivir a Cali, todavía el padre seguía dirigiendo sus vidas, pero Jamal ya era un hombre y estaba metido en las drogas, le gustaba consumir bazuco, una de las drogas más condenatorias hasta el día de hoy en Colombia (en otros países no sé cómo se le conocerá).

Llegó el día en que Jamal no aguanto más y bajo los efectos de esa sustancia mató a su propio padre clavándole varias puñaladas, lo envolvió en unas sábanas metiéndolo debajo de su cama y salió de la casa para luego entregarse a la policía, confesando que había matado a su propio padre. Por eso es muy importante, ser muy flexibles con los hijos más no dejarlos hacer lo que ellos quieran, porque cuando se abusa mucho de la sobreprotección, suele ser una mala decisión hacia los hijos, pues no se permite que ellos cumplan con lo que están destinados a hacer.

Con esta familia aprendí el valor de la amistad, como también del tiempo; porque cuando tenía que subir a la azotea para que el padre no me viera, ese tiempo se detenía, yo solamente veía y sentía cuando su padre volvía al trabajo y yo podía regresar a jugar y a comer, pues la madre de ellos me daba almuerzo, no todas las veces, pero sí la mayoría de ellas; también aprendí a compartir porque ellos no eran mi familia y más sin embargo su madre me daba comida, entonces cuando jugaba con otros amigos o estaba con ellos y tenía comida, algún juguete o pelota, también compartía.

En cada familia siempre encontrarás valores, virtudes y defectos, está en ti saber cuáles de ellos tomas para tu vida; mi sobrino con el que yo jugaba, me quería mucho, tanto que me prestaba la ropa de él para que yo pudiera vestir mejor, porque ellos vivían en un barrio de ricos en la ciudad de Cali, mis padres no podían comprarnos ropa cara, porque éramos muchos hijos, mi papá bebía mucho y se jugaba el dinero; gracias a mi hermana, mi sobrino y mi padrino que en paz descanse, podía disfrutar cada domingo en los mejores restaurantes de la ciudad de Cali… ¡gozaba como un niño!... Estas palabras que estoy escribiendo van de lo más profundo de mi corazón hacia ellos, porque gracias a ellos puede tener una infancia agradable… **¡gracias, gracias!** Cuando era pequeño hacía lo que yo quería, a tal punto me iba a lugares que un niño nunca iría, recuerdo que cuando me prohibían ir a un lugar, yo no les hacía caso, como sabía que la puerta la cerraban con llave para que yo no saliera, me saltaba la tapia, o sea, caminaba por el techo hasta salir a la calle y me iba a jugar o donde yo quería ir, aunque sabía que cuando regresara tenía la pela segura, pero no me importaba; lo que más me interesaba era disfrutar de esa maravillosa niñez… **¡y te lo aseguro que si lo hice!**

Un día fui a bañarme a un lago, tendría ya alrededor de 11 años, estaba en pantaloncillos, me metí debajo el agua, pero en un momento vi como un hombre abrió sus piernas y las metió en mi cabeza para no dejarme salir, me estaba ahogando, era muy niño, no resistía ese peso que sentía en mi nuca, pues no me dejaba levantar; le agradezco a Dios que me dio la fuerza necesaria para poder tumbar a este hombre y que cayera de espalda, cogí mi ropa, corrí y me fui de allí muy asustado, pero nunca me afectó nunca les cogí fobia a los lagos, a los ríos, o a las piscinas.

Un día estando en el lago Calima, cerca de Cali, fui con mi familia a disfrutar de ese lugar, yo al lado de la cera del lago, no me percaté que tiene desnivel, cuando me moví hacia un lado, de pronto me vi hundido tragando agua, era muy hondo no sabía que era tan hondo, comencé a decir: ¡me ahogo… ayúdenme! pasado más o menos 15 segundos alguien me jaló del pelo y me arrastró hacia la orilla.

Siempre he aprendido observando a otros maestros, poniendo en práctica hasta que lo logro, así fue que comencé a nadar en muy corto tiempo; aprendí también el valor de tener "valentía para todo", no dejándome derrumbar por las adversidades de la vida. El cerebro almacena todo lo que no pasa a diario, las cosas positivas quedan almacenadas en el subconsciente y las negativas en el inconsciente; es muy importante saber, que dejamos entrar en nuestro cerebro, porque lo único que hace **la mente** es recordarnos a cada instante lo que hacemos mal y traer pensamientos negativos a nuestras vidas, aparte de la tarea de ella qué es, que estemos siempre bien, por eso ante todo siempre te pone el miedo por delante; "la mente" no la puedes sentir, pero sí la puedes observar, es muy silenciosa a veces, no la vez venir; ella siempre está mostrándote tu pasado, o tu futuro, pero detesta que la pongas en el presente… ahí ella no tiene poder, en el presente es donde **¡tú tienes el poder!**

Esta es la lista de los valores que vas a tener que aprender si quieres llevar tu vida a otro estado de consciencia.

Respeto

Empatía

Responsabilidad

Solidaridad

Voluntad

Honestidad

Compasión

Amor

Perdón y gratitud

"LA TRANSFORMACIÓN DE TU SER... y el despertar de tus dones"

YAMIL MORALES MONTOYA

"LA TRANSFORMACIÓN DE TU SER…
y el despertar de tus dones"   *YAMIL MORALES MONTOYA*

"Lo peor está en tu mente, pero lo mejor está en tu corazón, cuando ordenes lo de tu corazón se ordenará tu mente, ahí conocerás lo que realmente eres."

Autor: Yamil Morales Montoya

"LA TRANSFORMACIÓN DE TU SER... y el despertar de tus dones"

YAMIL MORALES MONTOYA

"LA TRANSFORMACIÓN DE TU SER... y el despertar de tus dones"

YAMIL MORALES MONTOYA

"LA TRANSFORMACIÓN DE TU SER... y el despertar de tus dones"

YAMIL MORALES MONTOYA

Capítulo 3

Los Talentos

Cada persona cuando viene a la Tierra viene con sus talentos y virtudes ya ganadas. Los talentos nos sirven para desempeñar las tareas que vamos a cumplir a lo largo de nuestras vidas, pero también venimos con dones físicos. La mayoría de las personas vienen con hermosos talentos, virtudes ya desarrolladas, dones físicos y dones espirituales, pero lastimosamente, muchos de ellos no acaban mostrando todo eso porque encuentran un trabajo que les da confort, pero menos felicidad. La magia solo sucede a las personas que aman lo que están destinadas a hacer y mostrarlo al mundo, aunque eso implique enfrentarse con tu familia o sociedad… no tienes que seguir a nadie solo **¡sé tú!**

Muchas personas venden todo lo que son a las grandes empresas o negocios, pierden el rumbo solo por escuchar a sus padres, trabajando en lo que ellos fueron, solo por agradarlos y que se sientan orgullosos, pero solo lo hacen para que les sigas dando las comodidades, lujos o dinero que están acostumbrados, así podrán mostrar su ego y creer que para eso has venido; pero lo que no saben, es que así logran estropear sus futuros y el propósito de vida que están destinados a hacer, porque el alma ya diseñó todo antes de venir a este mundo, solo recuerda que si estás pasando por una depresión, no te sientes a gusto o te causa inconformidad con lo que ahora estas ejerciendo, necesitas plantearte qué eres y si estás en lugar correcto, pues te voy a mostrar por que debes seguir tu intuición, la voz de tu corazón y no la voz de los demás, para que seas ¡libre!, tomes tus propias decisiones, así DIOS te mostrará el camino.

Mi padre tenía varios dones y talentos, era artesano, ebanista, cristalero y prestamista. Cuando yo era muy pequeño, más o menos de 8 años, me llevaba a trabajar con él en la cristalería, para que aprendiera, me ponía a pintar los "juegos de sapo".

el juego de sapo consiste en meter una argolla en cada agujero y son 7 argollas, se pueden jugar por parejas o individual al que más puntos hagan, te lo cuento para que sepas de que te hablo, es un juego muy sano y entretiene la familia. Mi padre fabricaba estos cajones llamados sapos, yo lo que hacía era pintarlos del color que el dijera. Trabajaba también todo tipo de madera, pues era ebanista, pero a mí no me gustaba lo que él hacía, porque veía sus manos siempre sucias, o sea, manchadas del trabajo que el desempeñaba; más, sin embargo, yo los pintaba, pero para sacar después la pintura de nuestro cuerpo teníamos que echar gasolina o tiner, para remover la pintura de mi cuerpo y créeme no me gustaba.

"LA TRANSFORMACIÓN DE TU SER...
y el despertar de tus dones"   YAMIL MORALES MONTOYA

También instalaba cristales en autos, los parabrisas cuando los traían rotos, también cuando le ayudaba salía con las manos muy manchadas, sabía que esa no era mi profesión de adulto, pero hacia todo eso porque me entretenía y podía sacar un dinero para comprar lo que yo quisiera, golosinas o antojos en la escuela, porque mi padre no nos daba nada para la escuela, teníamos que ganarlo, así aprendí a ganar dinero.

En ese momento tenía el talento para dibujar, era muy bueno en la matemática, cuando ya tenía 11 años pasé a primero de bachiller, la mayoría de mis notas eran de 8 en adelante, ocupando así en todo el colegio el segundo mejor lugar; mi madre estuvo ahí, para recibir el diploma que me otorgaron en ese entonces, ya para esa fecha era una persona gaga, no me acomplejaba, pero me desesperaba por no poder hablar en ese año. Mi profesora de literatura y español nos preguntó que quien quería exponer una poesía a todo el colegio llevándose una nota, la poesía se llama "Estaba la Catalina" de Manuel Jiménez Martínez.

Yo sabía que tenía este gran problema, pero nunca me he dejado vencer por el miedo, sobre todo tenía que exponerlo aprendido no leído... yo decidí apuntarme, aprendérmelo de memoria para poder ese día decirlo, no sabía que iba a pasar; en lo que sí me fijo ahora con los años, es lo que el universo, DIOS o como llames a tu dios, me mostraría con esa hermosa poesía que dice así:

Estaba la Catalina sentada bajo un laurel, mirando la frescura de las aguas hoy al caer, de pronto pasó un soldado y lo hizo detener:

- ¡Deténgase usted soldado, que una pregunta le voy a hacer!:

¿Usted ha visto a mi marido, en la guerra alguna vez?

- yo no he visto a su marido, ni tampoco sé quién es.

- Mi marido es alto y Rubio, tan buen mozo como usted,

Y en la cinta el sombrero lleva escrito en francés.

Por los datos que me ha dado, su marido muerto es,

"LA TRANSFORMACIÓN DE TU SER...
y el despertar de tus dones"   *YAMIL MORALES MONTOYA*

Y me ha dicho que me case con usted,

Eso sí que no lo hago, eso sí que no lo haré. He esperado siete años

Y otros siete esperaré, si a los catorce no vuelve a un convento yo me iré,

a mis dos hijas mujeres conmigo las llevaré y a mis dos hijos varones a la patria entregaré...

- Calla, calla, Catalina, calla, calla de una vez, qué estás hablando con tu marido y no lo supiste reconocer.

Ya me había aprendido la poesía, llegó el momento de decirla en el colegio después del recreo, nos hicieron formar en filas (porque en ese momento se utilizaban filas según los grados en que cada uno estuviera), cuando ya nos formamos comenzaron a llamar a las personas que iba a decir una poesía o un poema... dijeron mi nombre y lo que yo iba a exponer, también otros alumnos delante de todo el colegio estaba al frente de mí, lo más temeroso era quedarme enganchado en una palabra y no poder expresar la poesía, me temblaba todo, pero sabía que lo tenía que hacer, así que yo fui el primero en decir la poesía, Dios me otorgó la fuerza y el coraje para enfrentarme a mi mayor miedo... que todo el mundo se riera de mí por como hablaba; también había chicas que me gustaban y no podía quedar mal ante ellas, porque entonces las personas comenzarían hacerme lo que hoy se llama bulín...

... No me importó decidí decir mi poesía y... ¡gracias a Dios! no me trabe en una sola palabra, todo el colegio me aplaudió ese día. Por eso la única forma que yo conozco de vencer el miedo, es dejar que te atraviese, pues está acostumbrado a que huyas; recuerda que el miedo es una cosa que te has inventado tú, que tu mente te lo pone siempre para que lo creas tú y tu mente está acostumbrada a que tuyas pero si te das la vuelta el miedo se desorienta te lo garantizo o sea cuando algo te de miedo un miedo atroz un miedo paralizante sigue aguanta y sigue y comprobarás que hay un momento en que la intensidad del miedo ya no sube más te atraviesa y desaparece esto se le conoce como miedo escénico es incómodo sí muchísimo pero la incomodidad es inofensiva y una vez que lo has probado te va a apetecer repetir porque ya sabes que puedes.

Como dice mi amigo Albert Espinosa: "Los valientes fueron antes cobardes y si ha sido un pequeño cobarde, puedes acabar siendo un gran valiente."

Terminé mi primer año de bachillerato, pasé a segundo de bachiller comencé a relacionarme más con las personas que siempre se muestran para que los vean, te estoy hablando de las personas que encuentras en las aulas de clase, las personas recocheras las que forman el aula "patas arriba", te estoy hablando de personas que no tienen respeto por los profesores; hay otras, que creen que, por tener poder monetario, sus padres pueden menospreciar a los profesores, o a los que no siguen sus reglas. Sí me junté con esas personas de sentarnos en la parte de adelante, como siempre hacía, para así aprovechar más el conocimiento.

Fui también a hacerme en la parte de atrás, donde estaba todo ese tipo de personas, quería que me aceptaran en el grupo, me aceptaron porque yo era bueno para todas las asignaturas (en especial matemática), ellos me copiaban... yo se los permitía; también, les daba mi hoja cuando hacían exámenes para que hicieran trampa y sacaran buenas calificaciones, les hacía trabajos en casa, pero eso sí, yo cobraba por ello. Comencé a comportarme como ellos, a no prestar atención a mis tareas y calificaciones, las cuales comenzaron a decaer, porque no prestaba atención al maestro, así me la pasé todo el año, no teniendo conciencia de lo que estaba haciendo.

Cuando pasé a tercero bachiller a mitad del año, me enteré que la que me costeaba todos mis estudios era mi hermana, yo pensaba que era mi padre, ya tenía más conciencia y comenzaba a interesarme el dinero y poder comprar lo que en otro momento no podía; le dije a mi madre que ya no quería seguir estudiando que quería trabajar, que iba a ir donde mi hermano que trabajaba los cristales, para poder trabajar con él. Me dijo que se lo comentaría a mi padre y lo que él dijera eso se tenía que hacer, le dije a mi madre, que, aunque él no me diera su aprobación, yo lo iba a hacer, porque él no me estaba pagando los estudios y permitiría que mi hermana, siguiera pagándome los estudios, algo que por naturaleza un padre debe de hacer.

Se lo comentó a mi padre, pues al otro día me llamó, tenía en su mano una correa con la que él siempre me pegaba, pero como ya sabía cómo dolía no tenía miedo, porque fueron muchas las pelas que recibí por parte de mi padre, al no acatar sus órdenes, siempre me la saltaba, no porque fuera un muchacho rebelde, sino porque en mí sabía que lo merecía; era un niño muy bueno, estudioso desde muy pequeño, ayudé a mi familia, mi madre tenía cerdos y pollos en un solar de la casa, le ayudaba a limpiar la cochera, la de los pollos, también a traerle comida a los cerdos y todos los días esa era mi función… pasar por las casas de los vecinos para que ellos me dieran los desechos de la comida que les sobraba, me los daban en un tarro y yo lo llevaba a casa para alimentar los animales.

Como carecíamos de medios suficientes a veces no teníamos comida para la cena, algunos vecinos nos daban lo que les quedaba de la cena en un plato, yo lo llevaba para la casa y así podíamos comer todos, gracias a esos vecinos que los llevo en mi corazón. Al ver que mi padre me preguntó por qué no quería estudiar, le dije porque usted no me está pagando el colegio y si no me lo voy a pagar no voy a seguir estudiando, prefiero comenzar a trabajar, ganar mi propio dinero… él se enfureció y me pegó, dijo que todavía yo no tenía edad para hacer lo que yo quisiera, que al otro día tenía que ir estudiar, yo le dije que ¡no iba a ir a estudiar! que iría donde mi hermano Edgar a pedirle trabajo, porque quería aprender la cristalería, me parecía un arte muy bello por todos los modelos y dibujos que se pueden hacer en ellos.

Me pegó muy fuerte pero no lloré, él pensaba que yo lloraría, pero como no lo hacía más se enojaba y más me pegaba, hasta que mi madre se metió en medio diciéndole que no me pegara más, que ya era justo lo que le había hecho… ahí mi padre me dejo de pegar, fue el último día que mi padre lo hizo, porque no seguí las órdenes de ninguno de los dos, tanto de mi padre, como de mi madre. Al otro día madrugué, le pedí trabajo a mi hermano Edgar, él me dijo que me enseñaría, que por el momento me pagaba 7000 pesos la semana… yo acepté, porque lo único que quería era aprender y ganar dinero, no era mucho, pero como era niño, para mí era bastante; desde ese momento comencé a trabajar la cristalería. Recuerda: "Toda persona tiene talento que deja huella".

"El talento trabaja el sabio crea Oportunidades y alcanza el éxito"

Autor: Yamil Morales Montoya

"LA TRANSFORMACIÓN DE TU SER... y el *despertar de tus dones"*

YAMIL MORALES MONTOYA

"La flor de loto representa en el budismo, la pureza del cuerpo y alma, está flor crece en aguas lodosas que representan los deseos de la vida y la flor que crece sobre ella, muestra una elevación espiritual.

"LA TRANSFORMACIÓN DE TU SER... y el *despertar de tus dones"*

YAMIL MORALES MONTOYA

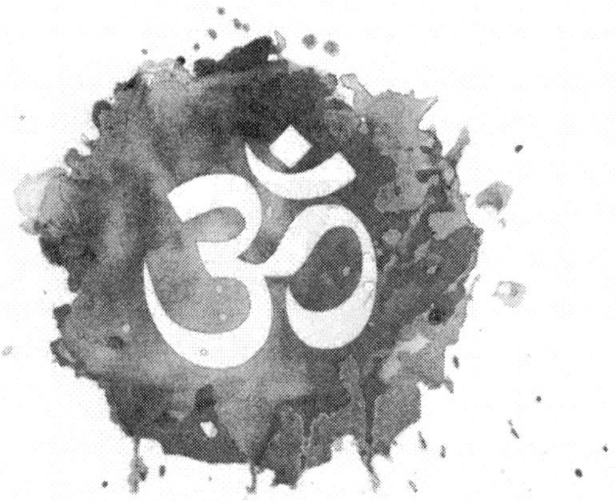

"LA TRANSFORMACIÓN DE TU SER... y el despertar de tus dones"

YAMIL MORALES MONTOYA

"LA TRANSFORMACIÓN DE TU SER... y el despertar de tus dones"

YAMIL MORALES MONTOYA

Capítulo 4

Sin Rumbo

Yo tenía 14 años trabajaba con mi hermano, en ese entonces me pagaba 10000 pesos semanal, también ganaba por aparte, las pulidas de vidrio de comedores, a otra gente como cerrajeros o cristaleros, yo les cobraba 1500 pesos por cada pulida, así ganaba un poco más. En ese año mi madre volvería a sufrir otro dolor, al igual que yo, porque a uno de mis hermanos que se llamaba Fabián, lo mataron en la cárcel. Un preso lo culpó de algo que él no había hecho y lo mató acertándole varias puñaladas por detrás.

Mi otro hermano se mató con una escopeta que él tenía, lo había preparado, él trabajaba en un bingo, del que en compañía de mi hermana Rosalba, eran propietarios. Una noche cuando cerraron el bingo, había escrito unas cartas donde explicaba porque lo hacía, cerró el bingo, se quedó solo para que, ni mi otro hermano y el mejor amigo, se enterarán de lo que iba a suceder; cuando disparó la escopeta que se la puso en la garganta, le destrozó toda la boca saliendo por la cabeza y terminando con su vida.

Él se había matado por traumas que mi padre en algún momento le dejó, al igual que mi otro hermano Fabián, mi padre se ensañaba con los hombres, los maltrataba y les decía palabras muy groseras; por eso muchos de ellos tuvieron muchos traumas, al igual que las mujeres porque mi padre abusaba de ellas. El tercer dolor que recibiría mi madre, al igual que mi familia, sería por mi hermana la mayor, o sea, la que me pagaba los estudios (Rosalba), a ella la mataron en su coche desplazándose hacia su casa, ya que ella vivía en Cali a una hora de florida. Mi hermana una vez me preguntó estando en la casa la paterna, cuánto me ganaba con mi hermano de Edgar, le dije que me pagaba 10000 pesos aparte de las comisiones, me dijo que ella me podría pagar más, porque mi hermano me pagaba muy poco, le pregunté que tenía que hacer, me dijo que atender solamente los clientes porque tenía una tienda de zapatos para mujer, yo sabía que era más suave que trabajar en una cristalería, así que le dije que sí, que aceptaba.

Hablé con mi hermano Edgar, le dije que me iba a trabajar con mi hermana porque me pagaba más, solamente me dijo… ¡buena suerte! Me fui a trabajar con ella, pero al cabo de 15 días, un día me regaló un perfume que se llama Salvador Dalí en forma de gato, me gustó mucho ese perfume, no sabía lo que más tarde nos tocaría enfrentar como familia, pues cuando se fue se despidió de mí… en la noche yo estaba en la esquina de la cuadra y un amigo muy imprudente me dijo acaban de matar a tu hermana.

No le creí, me dijo mira arriba en la puerta de tu casa y vas a ver que hay familiares tuyos hablando afuera, eso hice miré y había personas por fuera de la casa, corrí, pero no lo podía creer todavía, cuando llegué vi a mis familiares llorando, ahí fue cuando entendí que realmente si la habían matado, me entristecí mucho y lloré… tuvimos que enfrentar esa trágica muerte de mi hermana.

Pasados los días fui a trabajar al negocio de mi hermana, pues el esposo (que era mi padrino), él se hizo cargo del almacén, me dijo quédate aquí hasta que vendamos todos los zapatos porque este almacén no va a seguir funcionando, me quedé una semana y luego volví otra vez a las cristalería de mi hermano, le volví a pedir trabajo y me dio trabajo ya con otras condiciones, con una mejor paga… él me pagaría $25.000 pesos cada semana, aparte de los contratos que yo hiciera, me dejaba el precio más barato de los cristales, por lo que me ganaría el excedente, así comenzaría a ganar dinero por montones; todavía seguía con mi gaguera, no tenía rumbo, no sabía que era la vida, mi padre solamente nos enseñó a trabajar, pero no nos enseñó que tan hostil podría ser la existencia. Lo único que sabía es que decía que, daba de lo que el dinero me daba, pues comencé a comprar lo que cuando niño anhelaba y no podía tenerlo, ahora que ganaba dinero comencé a suplir todas mis necesidades.

Empezando por un televisor en mi pieza, un armario nuevo, Nintendo con varios juegos, una bicicleta, ropa de moda y comprar todos los caprichos que en ese momento podía tener, alquilaba películas, comprar arroz chino y cantidad de antojos que no me podía permitir antes; ganaba mucho dinero y tenía solamente 15 años y medio.

En esa época estaban los cárteles de la droga, había dinero por todas partes pues ellos construían muchas casas para regalárselas a la gente más pobre, otras para ellos, así se veía la economía muy a flote en ese momento, entonces ganaba alrededor de $200.000 pesos diarios en el año de 1991, era mucho dinero para un niño de 15 años y medio; para ese entonces conocí a la madre de mi primer hijo.

Éramos amigos, pero ella no se fijaba en mí porque era novia del mejor amigo mío, cada noche íbamos en la bicicleta de él a visitarla, pero ella era la última que él visitaba, porque tenía varias mujeres, de tanto yo ir con mi amigo a visitarla acabé enamorándome de ella. Pero siempre guardando respeto a mi amigo; un día le dije a mi amigo que, si no le importaba que yo pretendiera a la novia, porque yo veía que no le hacía caso, o sea, no le importaba; me dijo que tranquilo que yo podía conquistarla si quería, que él solamente la tenía por pasatiempo pero que realmente no sentía nada por ella.

Entonces al saber que tenía su aprobación, no dude ni un segundo en conquistarla, comencé a llevarle regalos, todo tipo de presentes, pero ella no me aceptaba como novio; yo le dije muchas veces, ya después dejé de insistir. Cierto día, un 24 de diciembre, fui a visitarla para salir a bailar con ella, mi amigo era muy bueno bailando pero yo no sabía bailar, pero como te conté antes, yo siempre viendo a otro maestro aprendo muy rápido; así que, decidí que iba a bailar como mi amigo bailaba, no le dije que me enseñara sino que, yo solamente viendo, cogí el paso, comencé a practicar en mi casa, mis hermanas al verme que yo estaba aprendiendo decidieron echarme una mano, me dieron unas clases de baile y así fue como aprendí a bailar.

Ese 24 de diciembre yo estaba en la casa de ella estábamos afuera conversando, de pronto se me acercó y me besó los labios, no lo esperaba, pero me alegró que lo hiciera, pues me gustaba mucho; desde ese día comencé como su pareja, hasta convertirnos en novios, no pasó más de 3 meses en hiciéramos el amor, fue muy lindo pues estaba muy enamorado de ella.

Ella me acompañó un día a Cali a comprar un libro en la terminal, que yo había visto, el nombre del título decía "¿cómo vencer el tartamudeo?", para ese entonces, sólo tomaba alcohol en las discotecas, cuando compré el libro estaba muy contento porque iba a dejar de gaguear, gracias a ese libro… ¡totalmente falso!... todos los ejercicios que mostraban en ese libro los hice: empezando por colocar una piedrita en la punta de la lengua y empezar hablar. Otro ejercicio era masticar un cigarro y muchos más, de lo que no me acuerdo… todo eso era fallido.

Un día nos visitó un primo a la casa estaba haciendo una diligencia de unos certificados de él, me invito para su casa que quedaba en Obando – Valle, le pedí permiso a mi hermano, me dio su autorización, me fui con él y también fue mi mejor amigo. No sabía que ese viaje me traería tantos efectos. Estaba sin rumbo, no podía dimensionar las consecuencias… **porque nadie me había hablado de las drogas**, ni mi padre, ni mis hermanos.

Por eso ahora que estás leyendo este libro, te invito ya mismo a que hables con tu hijo o hija de todas las drogas que hay, de las consecuencias que producen… ¡son devastadoras!... eso tú lo sabes, pero un niño no, no tiene la dimensión de saber a qué se enfrenta. Cuando llegué a Obando, a la casa de mi tía y prima, no sabía que mis primos estaban enganchados con las drogas; eran 2 primos, un día sacaron una bolsa de "cocaína" y me dijeron que si ya lo había probado le dije que ¡sí!, me sirvieron dos líneas, me pasaron una pajita cortada para poder meterla por la nariz y poder oler… lo hice… "me salió muy caro", porque desde ese día no volví a ser el mismo niño.

Fueron un par de días que estuve, en total tres días, esos tres días estuve consumiendo, dije que no lo volvería a probar. Cuando me devolví a mi casa, me despedí de ellos y mi tía, pero la droga ya estaba en mi cuerpo, lo que note es que me entraron deseos sexuales y ganas de ver películas porno, pasado siete días comenzaron las ganas de volver a meter, conseguí y de nuevo lo hice. Ya cada quince días lo hacía y después cada ocho días… y después todos los días… ¡me volví adicto a la cocaína!

El dinero se me iba como agua, porque todo me lo metía por la nariz así fue como me enganche a la droga. Así es como muchos jóvenes pierden su vida, sin saber que su vida se escapa. Cada segundo que pasa, es un segundo menos, realmente tenemos los segundos contados y la pregunta que te quiero hacer es: ¿lo que estás haciendo te está llevando a tu propósito? y ¿amas lo que haces? porque como te relacionas, así será tu vida; si te relacionas, con borrachos serás el próximo alcohólico; si te relaciones con gente drogadicta, serás el próximo drogadicto; si te relacionas con un ladrón, serás el próximo en caer en prisión; si te relaciones con asesinos, serás el próximo asesino; si te relaciones con gente que no respeta a sus padres, serás el próximo maltratador… pero, si te relaciones con un deportista, serás el próximo ganador olímpico; si te relacionas con un cantante, serás el próximo cantante; si te relacionas con un emprendedor, serás el próximo emprendedor; si te relaciones con un escritor, serás el próximo escritor.

Relacionarse con gente que vibre igual que tú, será lo que determines para tu vida. Por eso, personas que vibran alto, cometen el error de estar con estas personas de vibración baja, porque si tu vibras en 500 y la otra persona vibra sobre 200, te estaría robando 150 de vibración y pondría él en 350; al igual que tú. Si lo formas un hábito, de estar siempre con cierto tipo de personas, tarde o temprano serás como ellos. No tienes por qué, seguir un grupo para que seas admitido y pertenezcas a él, para sentirse valorado tú; ya eres incalculable, si no que <u>todavía no conoces tu valor</u>.

Recuerda, yo ya estuve por esos lugares, no quiero que tú, seas a próxima víctima de esas personas que pone este mundo bajo la oscuridad; no es que sean malos, sino que fue lo que dejaron meter en sus cerebros y la mente, sacando lo malo que hay en ti. Para resumirlo dejas que tu cuarto, que es tu cerebro, ocupen demonios, ese espacio que esta para solo un propósito "consciencia pura", o sea, amor. No hay otra forma, si no <u>desarrollando tus virtudes y dones,</u> para eso, tienes que leer… para nutrir al cerebro, debes hacerlo por medio de **libros** de crecimiento personal y espiritual. Cada influencia determina tu futuro, mira muy bien con quien te juntas, porque el amigo que te da drogas, alcohol, te invita a fumar o hacer cualquier cosa que no es buena para ti, ese, mi hermano… ¡no es tu amigo!

El verdadero amigo protege, ayuda al otro a salir de lo que esté pasando en ese momento… ese es realmente un amigo, si tienes un amigo **"haz encontrando un tesoro"**. No pierdas tu rumbo y, sobre todo, mira siempre tu propósito, todos tenemos uno que debemos compartir con el mundo.

"Vagar sin rumbo y sin propósito, es como montarse en un barco gigante y no tener un capitán al timón.

Autor: Yamil Morales Montoya

"LA TRANSFORMACIÓN DE TU SER... y el despertar de tus dones"

YAMIL MORALES MONTOYA

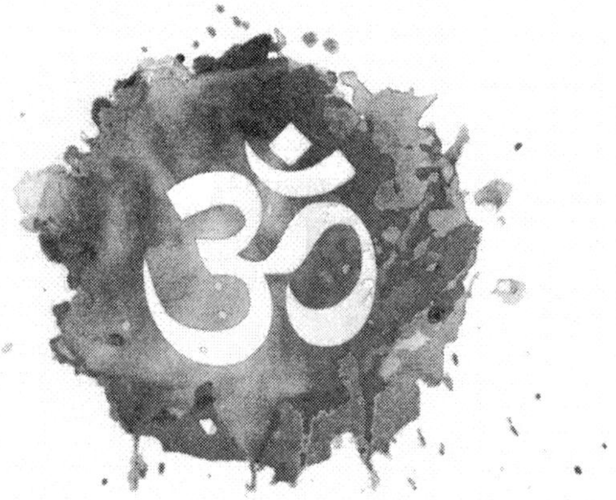

"LA TRANSFORMACIÓN DE TU SER... y el despertar de tus dones"

YAMIL MORALES MONTOYA

Capítulo 5

Los golpes de la vida

Después de haberme enganchado a la cocaína, volví donde mis primos a visitarlos, ese día estaba con un pantalón blanco, me invitaron a una montaña, subimos con tres amigos más, llevaba marihuana yo todavía no había probado ese tipo de sustancia alucinógena, hicieron 3 cigarrillos, lo llevamos compartiendo uno a uno, mientras ellos formaban un círculo; de un momento a otro me vi sumergido en el centro de ese círculo, ellos comenzaron hacer un sonido como los que hacen los indios, daban vueltas y vueltas alrededor mío, mientras fumaban al igual que yo, estaba muy desorientado, pues lo que me había fumado me había hecho efecto, no sabía dónde estaba, pero no tenía miedo porque andaba con mis primos, lo que noté es que ellos se reían mucho, de un momento a otro me contagié de eso, me reía solo y no sabía por qué.

Después de estar mucho tiempo arriba en la montaña, decidimos bajar al pueblo. Me acuerdo de que no podía ver bien, todo lo veía nublado, mientras que iba descendiendo de la montaña no tenía control sobre mí, me resbalaba, no podía ver las piedras ni lo que había por delante de mí, porque era muy oscuro… nunca había probado esa hierba. También noté que me entraba mucho sueño, mucha pereza y mucha hambre, pasado alrededor de 15 minutos bajando la montaña, llegamos al pueblo, me vi el pantalón, estaba muy sucio, de estar en blanco pasó a estar lleno de puro barro. De momento no me importaba, pero si quería irme para la casa a cambiarme darme una ducha y dormir. Mis primos no paraban de reír al verme tan sucio. Nos fuimos para la casa. pude cambiarme y me acosté a dormir. Esta droga me relajó porque cuando metía cocaína, me alteraba el sistema nervioso y me dejaba sin habla. Si antes no podía hablar, porque era gago, pues cada vez que metía cocaína no podía pronunciar ninguna palabra, me trababa más de la cuenta.

En cambio, cuando probé la marihuana noté que podía hablar más. Amigo lector, no te estoy diciendo que pienses que al consumir marihuana vas a poder dejar el tartamudeo o la gaguera… ¡No!, solo te estoy contando algo para que entiendas, como una decisión puede alterar todas nuestras vidas, cuando te digo "vidas", es porque no solamente la tuya está en juego, si no la de toda tu familia, porque al tú dar ese paso, estas hundiendo a toda tu familia en ese pozo del que muy pocos salen y lastimosamente… los arrastran.

Por eso padre, madre o hermanos, si tienen hijos, antes de que se vuelvan adolescentes, muestren a sus hijos, con un ejemplo cómo muchas personas pierden su vida a raíz de estas decisiones que ellos toman, solamente por curiosidad te lo digo por experiencia propia. Porque a mí, ni mi padre, ni mi madre, ni mis propios hermanos me pudieron decir lo que eran las drogas o el alcohol; recuerda que vengo de una generación de alcohólicos, por eso hoy el alcohol fue mi debilidad, pues estando pequeño veía a mi padre todos los días borracho y no quería ser como él.

No te miento, no me gustaba el alcohol, pero tomaba porque la droga me lo pedía así me hacía sentir bien. Por eso ahora siendo adulto y con la conciencia que tengo, por mis 2 hijos, decidí decirte y contarles hoy un poco de lo que yo fui y cómo las drogas me engancharon por mucho tiempo. En especial al más pequeño desde que entró a la edad de los 11 años, le dije qué sucedería si decidía algún día meter alguna de estas drogas. Al grande ya le había dicho lo que la droga hacía, también lo sabía, porque conviví el durante 3 años y medio en España. Te adelanto esto, porque es muy importante que vayas dónde tu hijo, hables con él y le cuentes sobre drogas. Si tú en algún momento también consumiste, no te de pena ni vergüenza, porque eso no te mancha ni te quita tu valor como padre, más bien te ayudará liberarte de todas las energías negativas qué de momento están en ti.

Hay muchos padres que prefieren guardar sus secretos que exponerlos en la familia, con esto, hacemos mucho daño nuestros hijos inconscientemente; cuando yo logré decirles a mis hijos lo que por ende ellos ya sabían, de lo que yo hacía, porque los niños son muy entrometidos y siempre estarán observándote porque quieren aprender de ti, tú eres su referente, cómo eduques a tu hijo en casa, así él se mostrará al mundo. Así que te invito a que hables con tu hijo, ya no lo pospongas no permitas que tu mente te diga lo contrario.

Recuerda que la mente la domina tu ego, a tu ego nunca le gustará que tú agaches la cabeza o te sientas menos persona. Solo trabaja con el corazón, pues te aseguro, que en el momento que lo hagas te habrás liberado de muchas cargas, tu hijo te observará como su gran héroe. Y así podrás proteger a su familia de muchos males innecesarios. Está en ti mostrarle lo que en algún momento hiciste y lo que te costó salir de ahí, tanto en tiempo, como en dinero; y si todavía no puedes salir de allí porque aún consumes, no te preocupes ten el valor de hacerlo, pues estás a tiempo de que tu hijo no cometa el peor error de su vida y lo encarcelen por muchos años estas drogas.

Sea lo que estés pasando drogas, prostitución, juegos. casinos etc; en cada ciudad del mundo, hay todos estos males, a esto le llaman diversión, yo le llamo **destrucción de vidas**. Cada uno de estos males va acabando con tu tiempo, salud y dinero, que son las tres cosas más importantes que hay en la vida. Así que, no pierdas tiempo, empieza a mostrar, a hablar lo que hay de hostil en este mundo, sea a un amigo, un sobrino, un primo, un hermano o cualquier persona de la familia; porque si lo haces, ayudarás a que muchas familias se puedan salvar y eso mi querido amigo eso se llama empatía. Ayudar a otros no tiene precio, Dios te lo pagará en su debido momento, él es el creador de toda esa abundancia que hay en el mundo. Créeme, él paga sus deudas cuando tú ayudas a un alma.

"LA TRANSFORMACIÓN DE TU SER...
y el despertar de tus dones"   YAMIL MORALES MONTOYA

Venimos cómo seres espirituales, pero necesitamos un cuerpo en materia para poder terminar nuestro proceso espiritual. Tú no eres ese cuerpo, tú eres una chispa divina del creador. Recuerda Dios está dentro de ti esperando por ti.

Conforme iban avanzando los años me volví más adicto a todas estas drogas, a las películas pornográficas. cuando metía cocaína se me despertaba los deseos sexuales. Mi novia quedó embarazada, yo iba a ser padre, como era muy niño tenía 17 años y medio y ella 15 años, cuando me lo contó no sabía qué hacer pues tenía que hablar con la abuelita de ella, porque ella vivía con la abuela; la abuela era muy buena conmigo, pero era muy serio, así que decidí hablar con mi madre para que ella hablara por mí, le dijera que yo me haría cargo de mi responsabilidad, pero que ese niño debía de nacer. Así lo hizo. Fue hablar con la abuela y la abuela lloró, pero tenía que entenderlo.

Así fue como tuve mi primer hijo, creí que iba a cambiar, pero no fue lo contrario. Seguía con las drogas, estaba sin control, ya no compraba ropa para mí. Pues el dinero se me iba en las drogas y mi responsabilidad como padre para que ese niño no le faltara nada, quería que tuviera lo que yo nunca tuve, lastimosamente no le pude dar afecto. porque su madre vivía con su abuela y yo con mi madre. Un día salí de trabajar, a mitad de cuadra había un lugar donde había juegos de sapo, mesas de billar, siempre solía jugar al sapo o al billar, eran mis 2 hobbies. Entré al lugar y me puse a jugar con 3 amigos más, ya había jugado 3 chicos, al cuarto íbamos por la mitad, habíamos pedido las cervezas para el chico, porque eso era lo que apostábamos "las cervezas", le dije a mis amigos me voy, tengo que irme, necesito irme, ellos se opusieron y me dijeron termina el chico y te vas, les dije no, yo pago mi parte y me voy, algo me dice que me tengo que ir; así lo hice, pagué lo que me correspondía del chico y me fui...

... siempre solía irme por un lugar para llegar a la casa de mi mujer, porque ya no era novia, era mi mujer, porque había tenido un hermoso niño que era hijo mío. Como tenía hambre fui al parque, me compré un chorizo, me lo fui comiendo el transcurso del recorrido (iba en bicicleta), pero decidí cambiar de dirección, faltaban 2 cuadras, me desvié porque también se podía llegar por ese lugar a la casa de mi mujer, algo me decía que tenía que irme por ahí. Faltando una cuadra para llegar a la casa de ella, me di cuenta que en la esquina había una parejita, estaban recostados a la pared de una casa y como era oscuro no se les podía ver la cara, conforme me iba acercando pude detallar que era mi mujer, faltando 20 metros me detuve la observé y le dije así te quería ver.

No le dije más, di la vuelta, me iba a ir, alcancé a recorrer 5 metros, pero me devolví otra vez a dónde estaban ellos. Estaba con mucho dolor, me bajé de la bicicleta para cogerla a ella de la mano y poder hablar con ella, esta persona no dejó que me fuera con ella cuando me quito la mano de la de ella, yo le dije: ¡necesito hablar con mi mujer! Volví a cogerla de la mano y nuevamente él me la quitó, le dije el problema no es contigo necesito hablar con ella, volví a cogerla de la mano y el nuevamente me la quitó ya no aguanté más y le di un golpe en la cara; así fue cuando comenzamos a pelear entre nosotros, no pasó ni 1 minuto, me di cuenta de que no necesitaba pelear por nadie; me levanté y le dije: ¡quédate con ella, para mí ella ya dejó de ser mi mujer! no merece mi respeto y me fui muy triste, pero sabía que no me merecía… te confieso… ¡lloré! Porque una traición duele, pero debes tener en cuenta hasta donde tú quieres sufrir, el dolor es inevitable pero el sufrimiento es opcional. Siempre he tenido amor propio, hacia otras personas que intentan hacerme daño, desde ese momento sabía que no volvería a ser mi mujer. Ese fue el primer golpe de la vida."

Seguía trabajando donde mi hermano, sin ningún rumbo, un día mi hermano me mandó a una escuela que estaban construyendo para tomar las medidas de todas las ventanas, para que nosotros le colocáramos los cristales, fue cuando mi Dios me mandó el maestro que me enseñaría a cómo dejar de gaguear, yo también trabajaba con un hermano esposo de una prima hermana mía. Él sí era tartamudo todavía, hasta el día de hoy lo sigue siendo, te lo cuento porque así te puedo decir cuál de los 2 lo pasaba más fatal… te lo puedo decir que era yo, porque cuando íbamos a medir una ventana, él podía hablar con las personas, en cambio a mí me asustaba el solo hecho de ir a tocar una puerta y la persona saliera y yo tenerle que decir que venía a medir los cristales de su casa o lo que del momento ella necesitará.

Sabía que tenía que vencer ese miedo en algún momento de mi vida, pero no sabía qué día iba a ser, puesto que en mi familia la mayoría de mis hermanos al igual mi madre y mis antepasados por parte de mi madre eran así, yo no lo había entendido hasta el día de hoy; pero más adelante te contaré lo importante que es la familia, los secretos que esconden, cómo perjudican en tu vida diaria, porque todos llevamos un linaje, una pertenencia, una jerarquía en la familia y eso lo llevamos en todo nuestro ADN, cuando decidimos encarnar en esta Tierra, todos esos registros llegan a tu ADN de todo tus ancestros, pero eso te lo explicaré más adelante.

Como te dije fui a medir las ventanas, presta mucha atención porque yo sé que, si estás leyendo este libro, eres una persona como yo, que en algún momento de mi vida no podía decir palabras largas o tener una conversación amena con una persona, hoy te puedo decir que puedo hablar hasta 3 horas con una persona, siempre y cuando esa persona tenga tema de conversación; apunta muy bien en tu libro, en tu libreta o diario, para que no se te olvide nunca, porque yo sé que este problema lo padece más de 700.000.000 de personas alrededor del mundo de todo tipo de raza, color, religión o género. En la escuela estaba el cerrajero que había puesto la mayor parte de puertas y ventanas, me acerco porque ya me había visto hablar con mi compañero de trabajo. Se me presentó, yo me presenté, no me acuerdo de su nombre, pero aquí le digo ¡gracias de todo corazón! por haber puesto esa semillita en mí, porque desde ese día no volví a ser el mismo de antes, no sé si tú también estarás leyendo este libro, pero si lo estás haciendo de antemano decirte que escuché tu consejo, lo puse en práctica y hoy puedo dejar plasmado algo que en algún momento una persona se tomó el tiempo para darme un consejo, que yo creo que a él le costó tanto como a mí hablar, como él hablaba en ese tiempo. Te doy otra vez las ¡gracias!

Después de presentarse me dijo: ¿quieres aprender a hablar mejor?, porque yo era como tú, tal vez menos o tal vez más, pero lo que sí sé, es que tú tienes el problema que yo tenía, le dije ¡claro sí!, si puedes ayudarme te lo agradecería porque ya he probado muchas cosas y ninguna ha dado resultado. También me leí un libro que se llama "cómo vencer el tartamudeo" hice todos los ejercicios, pero nada de ello cambió en mí. Me dijo: "lo primero que tienes que hacer cuando vayas a entrar en una conversación estar muy tranquilo, no alterarte, solamente debes pensar antes de decir cualquier tipo de palabra y lo otro no mirar a la persona vista con vista, pues esto lo que hace cuando tu miras a una persona a los ojos, es crear más ansiedad en ti; de momento intenta siempre no mirarlos, si no desviar la mirada hacia un lado y poco a poco cuando ya vayas teniendo más seguridad en ti, podrás mirarlo fijamente a los ojos, porque ya habrás construido seguridad en ti, te va a llevar un tiempo pero créeme que corregirás un 50% de lo que ahora no hablas y lo otro, práctica siempre en un espejo, haz de cuenta de que estás hablando con otra persona, por si no te has dado cuenta todos los que son gagos y tartamudos, cuando están cantando o están recitando algo de un libro nunca se quedan trabados, las palabras le fluyen como las de otra persona.

Prueba esto por el momento y te vas a dar cuenta que muy poco tiempo comenzarás a hablar más fluidamente. También algo que también puedes incorporar a tu vida son unas gafas oscuras. Muchos de los artistas empezando por Marc Anthony, uno de los grandes de la salsa utiliza gafas oscuras, te voy a decir por qué las utiliza, porque es una manera de poder enfrentar a una persona cuando se está hablando con ella, no tiene contacto con sus ojos, eso hace de que él tenga más seguridad para hablar. Otro caso más que te voy a contar, es de otro artista cantante de Colombia Andrés Cepeda, el también utiliza gafas oscuras, pasa la mayoría de tiempo con ellas: Bruce Willis uno de los actores más conocidos alrededor del mundo, Julia Roberts, Marilyn Monroe y Jorge VI, fueron personas con problemas de tartamudez, muchos de ellos viven actualmente, llevando una vida con mucha prosperidad.

Entonces… ¿por qué tú no puedes hacerlo? si todo tenemos el poder, el coraje y la ¡determinación! para poder ser exitosos en cualquier tipo de rama. Solamente ¡enfócate! en los talentos que tienes de momento, si tiene dones no los ocultes, tienes que mostrarte al mundo tal como eres, no te preocupes, más adelante entenderás muchas cosas, de lo que en este momento te debes de estar preguntando; ya que conoces un poco más de los ejercicios, te invito a que los pongas en práctica, recuerda que si metes cocaína debes de comenzar a dejarla ya, porque lo que hace la cocaína es alterar nuestro sistema nervioso y bloquea nuestra habla.

Muchas de las personas, empezando por amigos y familiares se burlaban de mí en el colegio también, me hacía bullying, me decían: metralleta, tatareto, se, se, se; y muchos apodos más que me ponían, mi familia se desesperaba porque yo no hablaba fluido, tenían que adivinar lo que yo quería decir, hasta que por fin lograba expresarlo, no era fácil para mí y creo que para ti tampoco, porque sé lo que tú debes de estar pasando"

Por eso te voy a revelar todo, para que puedas hablar un 98% y no se te pegue la palabra, porque si yo lo pude hacer, pues he visto muchas personas a lo largo de mi vida que tienen ese problema, pero ninguno como el mío. Hoy con mis 47 años, donde vivo, que es una casa de 3 plantas en la parte de abajo hay una tienda, hay un señor que es árabe tiene más o menos 75 años, se le pega la lengua y así muchos, alrededor del mundo pequeños, adolescentes, jóvenes, adultos y de tercera edad. Pero eso tiene que acabar, porque por eso decidí escribir este libro, para que muchas personas puedan tener una vida sociable con otras personas, pues esta condición se lleva muchas vidas, a personas que tienen mucho potencial, pero no se atreven a enfrentarse a una entrevista, montar una empresa porque les da pena cómo hablan y abandonan sus sueños por este problema. Te animo a decirte que **¡tú puedes!**, que mereces disfrutar de esta maravillosa vida. Lo único que tienes que hacer es ¡confiar en ti!

No importa lo que te diga la sociedad, familia o amigos, lo importante es que ¡creas en ti! **Naciste para grandes cosas,** no dejes que tu palabra te intimide, solo tienes que entender que tu mente no es la que te gobierna, si no tú el que gobierna la mente.

"LA TRANSFORMACIÓN DE TU SER... y el despertar de tus dones"

YAMIL MORALES MONTOYA

"Necesariamente tienes que perderte, antes de encontrarte y manifestar tu luz"

Autor: Yamil Morales Montoya

"LA TRANSFORMACIÓN DE TU SER... y el despertar de tus dones"

YAMIL MORALES MONTOYA

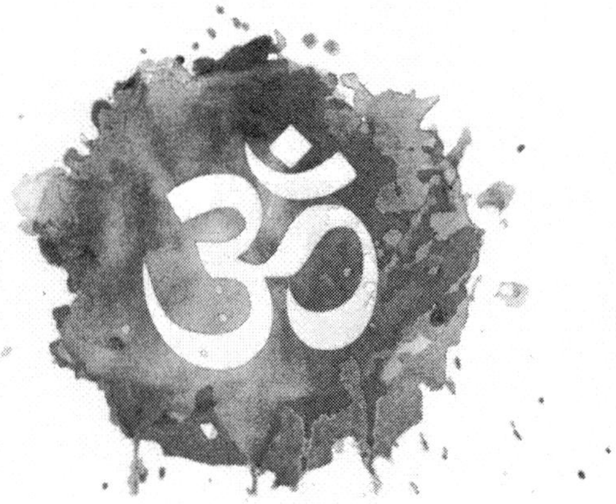

"LA TRANSFORMACIÓN DE TU SER... y el despertar de tus dones"

YAMIL MORALES MONTOYA

Capítulo 6

El Viaje

Hay que tocar la religión para entender todo el propósito de Dios. Cuando tenía 10 años le ayudé al cura del pueblo, a los servidores del cura se le llaman "monaguillos", duré aproximadamente cerca de 1 año ayudándole al cura, un día estábamos en misa, yo estaba sosteniendo la copa dónde se meten las ostias, fue cuando entonces el padre sacó de la copa una hostia para dársela a un niño (no me acuerdo de la edad del niño) lo que sí sé, es que era un niño y cuando el niño se metió la ostia a la boca dijo: ¡gas!... no le gustó al niño el sabor, el padre no dijo nada en ese momento. pero terminada la misa mandó a llamar al niño y en el lugar donde nos cambiábamos, fue donde el niño se llevó la reprendida del padre con su cinturón, le dio unos "latigazos" al niño, todos miramos lo que él estaba haciendo, no podía caber en mi mente que un cura hiciera eso contra ese niño, pues lo que me habían dicho es que "Dios es amor" y… si Dios es amor, ¿cómo un cura hoy castiga a alguien que no es de su familia?… no lo comprendía…

… Lo único que supe, es que no quería pertenecer más a esa religión, me salí y no volví a asistir a la iglesia, no quería pertenecer más a esa institución, quería hacer hincapié en esta parte. Pero volvamos a la edad de adolescente, ya la vida me había dado el primer golpe cuando me enteré de la infidelidad de mi mujer. Me refugie más en las drogas, solamente trabajaba me iba a la casa y consumía droga, esa era mi diversión. me olvidé del mundo, me introduje en mi mundo… esto me traería graves consecuencias. Consumía todo el día cocaína, por la noche marihuana, no bebía alcohol, no me gustaba, de vez en cuando compraba hago de licor, pero no era mi fuerte, lo que más me atraía era la cocaína, la marihuana, solamente lo hacía para que me relajara, porque me daba ganas de dormir al igual que el cigarrillo "bajo mi ignorancia, no sabía que estaba destruyendo mi cuerpo".

Un día fui a comprar 20 gramos a un lugar que se llama Corinto Cauca de Florida allá queda más o menos 2 horas, siempre solía ir en bicicleta porque si iba en el bus podría haber retén y me cogerían la droga, entonces me sentía más seguro desplazándome en la bicicleta. Cuando ya la compré me fui para mi casa, el propósito era venderla porque había ferias en el pueblo. Cuando la probé no paré hasta que las fiestas se acabaron, eran 4 días… pues durante esos 4 días estuve metiendo, consumiendo, el último día cerca de las 8:00 de la noche, me quedaba la última raya y cuando me la olí… ¡no supe más de mí! porque me desvanecí, o sea, me desmayé durante 5 segundos, ahí fue cuando le dije a Dios que por favor me sacará de allí, no quería seguir siendo la misma persona que consumiera drogas, me prometí a mí mismo dejarlo todo, tanto el licor, la marihuana, el cigarrillo, como también la cocaína.

No sabía cómo iba a ser, pero lo que sí sabía es que lo tenía que hacer. Al otro día me levanté con una fuerza indescriptible pues algo en mi cambio… **¡Dejé las drogas!** Los cuatro primeros días no podía dormir, pero todavía seguía fuerte con mi idea, hasta que al sexto día logré quedarme dormido y seguí así; al ver que podía no me detuve, empecé a ver dinero otra vez en mi bolsillo, porque recuerda ganaba dinero y era independiente gracias al trabajo que mi hermano podría ofrecerme, comencé a comprarme ropa de nuevo, porque no tenía ropa, toda mi ropa estaba rota de los cristales; llevaba a lo largo de 2 meses, tenía muy buena ropa, ya mis amigos volverían a tener relación conmigo; te lo cuento porque necesitas saber que no todo el que dice ser amigo es amigo, tienes que aprender a escoger muy bien tus amistades para que no caigas como el ratón al queso; para que lo entiendas mejor, la rata es tu amigo y el queso eres tú, no dejes que abusen de tu nobleza o de tu humildad, porque esas personas solamente abusan a las personas que pueden manipular a su antojo, yo fui uno de ellos. Pasado 2 meses y medio regresé a la discoteca donde solía ir a bailar, fui muy bien arreglado, cuando llegué, noté a mis amigos cómo me miraban, me ofrecieron licor de su mesa (lo que no hacían), antes me ignoraba y no me invitaban nunca a la mesa, ahora sí era bien recibido. Ese día decidí comprarme 1 gramo porque creí que ya podía haber dominado la adicción que tenía… ¡pero fue un grave error! porque volví a recaer… ahora con mucha más fuerza, me volvió a coger la droga no sabía cómo salir.

Mi hijo iba creciendo, el único recuerdo que tengo de él fue una vez que vino el circo a Florida, lo llevé conmigo y un amigo para que el pudiera ver el circo, es el único recuerdo que tengo de él en la niñez; porque la mayoría del tiempo me la pasaba con las drogas. Mi hermano a todo momento me mantenía echando de la cristalería, que si no me gustaba lo que había que me fuera. Esto yo lo tenía en mi mente, no quería permanecer más ahí, me sentía humillado, pero de momento no podía hacer nada, pues era el único sustento que tenía. Un día en la cristalería, estaba mi hermano cortando unos espejos, yo le estaba ayudando, cuando cortamos un espejo grande, se lo ayudé a llevar al camión donde teníamos que subirlo, yo estaba en la parte de atrás y él llevaba el espejo adelante Cuando me dijo que lo soltara para el pasárselo, yo lo solté pero él decidió voltear el espejo, cuando lo volteó, el espejo golpeó la puerta del camión y se rajó por dos partes, una de ellas le cayó en el antebrazo, cortándole todos los tendones, lo primero que hizo con la otra mano, fue unir la parte dónde estaba saliendo sangre porque parecía una manguera… salía mucha sangre… inmediatamente le amarraron un trapo y se fueron rápido para el hospital en la camioneta de él. En el trayecto no paraba la sangre de salir, en el hospital lo vieron, le dijeron que ahí no podía atenderlo que tenían que llevarlo para Cali.

"LA TRANSFORMACIÓN DE TU SER...
y el despertar de tus dones"   YAMIL MORALES MONTOYA

Lo montaron en ambulancia y se fueron para Cali. Llegaron al lugar más cercano de Cali, le dijeron que si no tenía dinero no lo podían atender, él les dijo que tenía dinero en el banco que mañana pagaría todo, le dijeron que no que si no tenía dinero allí con él no podían hacer nada por él. Así que decidió irse para otro lado, pero mientras que iba en la ambulancia se estaba quedando dormido, el que lo acompañaba le dijo no te duermas, porque si te duermes te mueres... así que aguanta y lo golpeaba en la cara para que no se durmiera. Lograron llegar hospital en ese lugar sí lo atendieron, era una clínica. Gracias al doctor que lo operó hoy todavía vive, la mano le quedó con una movilidad del 90%.

Mientras que estaba en la clínica yo me hacía cargo de la cristalería, cuando regresó a los 2 días a la cristalería, le dije que no se preocupara que yo daría todo lo mejor de mí, mientras que él se recuperaba y así lo hice, duré 3 meses trabajando de 7 de la mañana a 11 de la noche, todos los días. Cuando ya se recuperó, regresó a su trabajo y yo ya descansaría de todo lo que me tocó asumir en ese entonces. Mi hermano ya sabía que yo consumía y siempre me aconsejaba que lo dejara, pero no me explicaba cómo hacerlo, yo le decía que en algún momento lo dejaría. Seguían pasando los años, ya tenía 19 años... fue cuando me metí en la religión. Comencé a leer la biblia, porque nadie me hablaba del Dios que nos creó, pero sí sabía que existía, porque cuando era "monaguillo" leían la Palabra de Dios; bueno eso creía ahora, ya con mi consciencia te voy a desmenuzar todas las mentiras y el miedo que provocan al leer la biblia, como la manipulación que hay en muchos versículos para confundir al ser humano y tú mismo, por tu propio discernimiento, podrás sacar las conclusiones; serás tú mismo el que decida si quieres quedarte en la religión, o buscar tu propio discernimiento.

Me leí la biblia completa, cambie, sí, no te lo puedo negar, pero todavía seguía consumiendo, poco, pero consumía. Asistía cada domingo a varias iglesias cristianas, fue cuando la vida me llevaría a conocer mi otra mujer, había sido novia de mi hermano Jaime, el que se mató, comencé hablar con ella, sabía que tenía mundo, era mujer promiscua, pero sabía que podía darle una oportunidad, porque no me gustan las mujeres que se acuestan con muchos hombres, ella tenía un historial, pero creo que de lo bella que era y como hablaba, me permitió conocerla, en la segunda salida hicimos el amor toda la noche en una residencia de Florida, no tenía intenciones que fuera mi novia, pero creo que esa noche, como la hice disfrutar, me llamo al otro día a mi trabajo, desde ahí comenzamos una relación que duraría casi 4 años.

Me la lleve a vivir a la casa paterna conmigo, mi madre me dio la autorización y ella quería vivir conmigo al igual que yo. Era bonito estar con ella, pero no podía salir con mis amigos, ni ir solo a donde yo quisiera porque era muy celosa, eso no me gustaba, pero no podía decir nada, porque ella también permanecía conmigo, cuando yo llegaba a la casa, un día que yo estaba jugando al billar con mi hermano, unos amigos y los cuñados de mi hermano, estábamos jugando bola cantada (donde uno apunta la bola esa tiene que meterla en el agujero que uno diga porque si no la mete al agujero que dijo, no vale), le tocaba el turno a mi hermano y como no la cantaba yo le dije cante la bola, fallo el tiro, se enfureció y dijo que no jugaba más, yo le dije que no había problema que pagaríamos por mitad, él dijo que no pagaba nada, porque esa era la última bola, que yo lo había hecho fallar y habíamos colocado la regla de no hablar; le explique que era para que me cantara la bola y dijo que no pagaba nada; yo le dije que nosotros teníamos 2 ganados, ellos uno y era a tres, así que ellos iban perdiendo, se molestó aún más, saca un revolver y me apunto a la cabeza, con ganas de disparar; yo le dije: si eres muy hombre mate a su hermano y los cunados se me dijeron que mejor me fuera que ellos pagaban, yo me fui por no tener más problemas.

Al otro día me pidió disculpas, sabía que me tenía que ir de ahí, no era mi lugar tampoco, no era lo que yo quería hacer en mi vida, creí que la vida solo era ganar dinero, trabajar y tener una familia y si montaba un negocio tendría mucho dinero, ese era mi pensamiento. A medida que seguía leyendo la Biblia, un señor también iba a leerme la biblia a la casa para aprender, era testigo de Jehová, iba cada 8 días, yo lo recibía y el me enseñaba, pero llegó el día en que partiría para España. Te dije que en la poesía de la Catalina hablaba de España, pues así con esos mensajes, en que Dios se manifiesta con nosotros, por medio de números, palabras o maestros. Pues sí, partiría para España, ya tenía 22 años, mi hermana Ángela estaba en España, llevaba dos años. Un día que llamó, le dije que como era España, que si había trabajo, porque yo quería irme para ese país, no aguantaba más las humillaciones de mi hermano, un día le dije: ya en algún momento me iré.

Ella me dijo como era y cuanto ganaba, al cambio ganaba casi igual, un poco más en España, pero no mucho, le dije que me quería ir, que si me recibía y me dijo que con mucho gusto me ayudaba, que tenía que mandar dinero para pagar la carta de invitación y se los mande eran 15000 pesetas, al cambio en pesos colombianos $400.000, ahora era ahorrar para el billete del avión, llevar dinero para mostrar, para comer y pagar donde iba a dormir. No tarde más de 6 meses, porque ya tenía un dinero reunido, se lo comenté a mi mujer, para que ella después viajara, porque iban a cerrar frontera y comenzarían a pedir visa… me dijo que ¡sí! pero que nos casaremos, porque yo después conseguía a alguien y la dejaba a ella. Le dije que bueno, organizamos el casamiento y faltando 2 días para irme para España le dije a mi hermano que ese era el último día que trabajaba con él; él no lo podía creer me dijo en serio y le dije que ¡sí!, entonces me deseó suerte, le di las gracias por todo y me regalo $300.000, que nos daba de navidad porque yo me salía el 31 de octubre, o sea, faltaban 2 meses para navidad, me los dio y me fui para España.

En la iglesia cristiana había una mujer, que era novia del hijo del pastor, la novia se fue a una excursión y se acostó con tres de los hombres que fueron, esto me lo dijo una sobrina que estudiaba en el mismo colegio de ella; no puedo decirte si era verdad o mentira, porque yo no vi, lo que si te puedo decir, es que vi muchas cosas en la iglesia cristiana, por eso decidí no volver a ninguna iglesia, tanto católica, como Cristiana. Ya había leído la biblia, quería llevar bien mi vida; me fui `para España, me despedí de todos mis familiares, incluido mi hijo Jaime, él tenía 6 años, me dolió mucho desprenderme de una vida de 22 años... pero debía hacerlo, ya no había vuelta atrás.

Cuando iba en el avión se me salían las lágrimas de lo que estaba dejando, las personas no se imaginan de lo que cada uno deja por perseguir sus sueños: en dos maletas, a veces en una maleta o bolsos, donde empacan sus anhelos; unos se atreven a cruzar el mar, otros desiertos, otros fronteras y así alrededor del mundo, cada persona en este momento está tratando de irse de su país y no por que su país no sea bello, o las personas, o la cultura, sino porque no hay muchas oportunidades para poder ayudar a la familia, o tener mejor calidad de vida como lo hay en los países europeos, donde hay mejor economía.

No todos los países del mundo tienen buena economía, pero los que emigran siempre escogen el mejor país, el que les dicte su intuición; así fue como yo seguí la mía. Ya estando en España donde mi hermana, lo primero que me dijo es: "aquí cada persona cocina, lava su ropa, ayuda con los deberes de su casa, aporta para los gastos de la renta y la comida". Nunca había hecho mi cama, ni lavado mi ropa, mucho menos hacer de comer; pero sabía que si otros lo hacían... ¡yo podía!

Nunca permitas que tu mente te diga que no puedes hacerlo... ¡solo hazlo! y verás que podrás lograrlo; las primeras lentejas quedaron saladas, el arroz quemado; así fue como poco a poco aprendí todo lo de la casa, llevaba 20 días, no conseguía trabajo, me comenzaba a desanimar, pero sabía que no podía regresar... no quería regresar; me gustaba España, me parecía hermosa la isla de Tenerife, ahí fue donde estuve 11 años. Un día mi hermana llegó con la sorpresa que, al otro día, yo comenzaba a trabajar, me alegré, me preparé, era un trabajo de agricultura para sembrar tomate, ejercer diferentes oficios.

El primer día me colocaron a cargar tomates en un camión, en cada uno se cargaba 360 cajas, cada caja pesaba 25 kilos... nunca lo había hecho, pero sí había cargado muchas planchas de vidrio, que pesaban un poco más; así que no tuve miedo me puse a cargar las cajas con otros trabajadores, ese día salí a las 7pm, hice horas extras, pero estaba muy cansado no quería más ese trabajo, me parecía muy pesado, le dije a mi hermana que no iba a trabajar más, entonces ella me dijo, mañana puede que te pongan a coger tomates o a sulfatar las matas u otro trabajo, porque hay otras actividades, este es el más duro para los hombres, pero ve y si no te gusta no vuelves, le dije bueno.

Al otro día, me pusieron a trabajar sulfatando las matas en otro lugar donde mi hermana no estaba. Y así empecé a trabajar en los tomates, comencé a mandar dinero a mi esposa, a mi hijo y a mi madre (porque siempre he ayudado a mi madre), me quedaba sin dinero por mandarlo todo, para que mi esposa se viniera para España. Pero no sabía las intenciones de ella. Llegó diciembre y faltaba poco para cerrar fronteras, el 24 de diciembre la llamé a la casa paterna donde la había dejado y no me contestaban, seguí marcando todo el día, llamando y no me contestaba; comenzó a llover y al otro día seguía lloviendo no me importo; fui a llamar al hermano porque ella no aparecía, él me contestó y le pregunté por ella muy preocupado, me dijo cuñado le voy a decir algo, porque usted no merece que mi hermana le esté haciendo esto.

Ella está con un profesor de Miranda Cauca y está embarazada de él. Fue el dolor más fuerte que he recibido en mi vida me sentía traicionado, pero le agradecí por lo que me había dicho; cuando eres bueno con las persona ellas te devuelven el aprecio; así fue como me enteré de la traición de mi esposa, llamé a mi madre y le dije que cuando llegara a Florida, sacara las cosas de esa mujer a la calle, estaba ofendido, con un dolor en el corazón; llamé a un amigo y le dije que si quería acompañarme a tomar y escuchar música vallenata, me dijo que sí, lloré, tomé todo el día y me prometí que no volvería a llorar por ella nunca más, la saque de mi corazón y la perdoné. Seguí mi vida ya eran dos traiciones, siempre he sido fiel a una persona nunca me ha gustado estar con muchas mujeres, como hacen muchos hombres; un hombre no es más hombre porque tenga más mujeres, un hombre es hombre cuando aprende a cuidar a su reina. No permitas nunca que abusen de ti, tanto en lo verbal, como en lo físico; pues tanto la mujer como el hombre… ¡merecen respeto! Y cuando tú sabes tú valor nadie podrá manipularte.

Te dejo estas 5 reflexiones para llevar en el alma:

1. Aprende a dejar de amar a quién ha dejado de amarte, si alguien ha pasado la página contigo, te ha sacado de su vida, aprende tú a hacer lo mismo. Y si no puedes pasar la página, procura quemar el libro entero.
2. No importa cuánto pelees por alguien, si esa persona no está dispuesta a pelear por ti, no arrojes perlas a los cerdos porque no las valorarán.
3. Si no te das tu valor, las personas asumirán que tú no sabes cuál es, cuando las personas saben esto, te asignan uno que por lo general es mucho más bajo de lo que te mereces… ¡Aprende a apreciarte!
4. A quien pongas de primero, automáticamente te llevará a ti a ponerte de segundo. Si estamos hablando de tu vida, ese no es el lugar donde tú quieres estar. Recuerda que tú eres tú mayor y único amor. No puedes andar buscándote en otras personas.
5. Para nunca olvidar. Tú nunca pierdes nada ni a nadie. Todo lo que se ha ido de tu vida fue diseñado para una versión de ti que ya no existe. Como tú eres mejor, merece lo mejor. Que no se te olviden estas verdades sobre **tu amor propio**.

Me dediqué a trabajar no quería saber de mujeres colombianas. Ya habían pasado 3 años y había experimentado muchas cosas, una de ellas fue irme del apartamento de mi hermana, porque discutimos, yo estaba con una compañera en el apartamento, estábamos tomando unas cervezas y haciendo el amor todo el día, era una mujer que tenía esposo… ¡sí, fue uno de los grandes errores que también cometí!, no había experimentado tener una mujer de otro hombre. Pero esta mujer me gustó cuando trabajaba en la tomatera y yo también le gusté. No tenía conciencia de lo que estaba haciendo, de lo que estaba ocasionando, sólo quería experimentar algo, que dentro de mí me decía que lo hiciera. Y… ¡sí, nos enamoramos! … bueno eso era lo que yo sentía. Ese día la compañera se quedó hasta las 4:00 de la tarde, mi hermana solía llegar del hotel a esa hora, también vivíamos con mi sobrino. Yo pagaba la mitad del alquiler y la mitad de la comida. La sexta de la basura se llenó de puras latas de cerveza; cuando llegó mi hermana yo estaba en la pieza, ya la mujer se había ido.

Mi hermana comenzó a decir que siempre que llegaba, encontraba la basura llena, que nadie la sacaba, así permaneció durante 3 minutos, con puras quejas y quejas. No aguante más, salí del cuarto para decirle que, si tenía que decirme algo me lo dijera y me lo dijo, que por qué yo no había sacado la basura. A lo que respondí, no solamente yo debo sacar la basura, tú debes de decirle a tu hijo que también tiene que sacarla, porque aquí vivimos 3 y yo hago muchas labores. Desde tender la ropa de los 3, hasta mantener limpio el apartamento, también pongo la mitad de la renta y la comida, me hago cargo de la parte de mi sobrino porque como lo sabes, aquí en España se paga por cabeza.

Se enojó, sacó un cuchillo para intimidarme, me dijo que su hijo no estaba para ser mi sirviente, que me fuera del apartamento, yo le dije que ya mismo lo hacía, pero que no se le olvidará que me tenía que pagar la mitad de lo que yo puse para la fianza, me dijo que no había problema que cuando desocupara el piso me entregaría la mitad de la fianza, le dije ya le desocupo y me fui a vivir con unos amigos que vivían al frente, así me alejé de mi hermana durante un tiempo; hasta que ella un día en una discoteca me pidió disculpas por lo que había hecho, yo le dije que tranquila, que yo igual la seguía queriendo y seguí visitándola, pero no volví a vivir con ella ya sabía cómo era ella y yo quería vivir tranquilo.

Cuando conocí la tercera mujer que me cambiaría la vida y la que me daría mi segundo hijo. Era un sábado, yo había quedado con mi hermana de ir a almorzar donde ella, era la 1:00 de la tarde, me iba a meter a la ducha, cuando el amigo donde yo vivía había invitado a su novia y a la prima de ella para que almorzaran allí; mi amigo, me dijo que si le ayudaba a preparar la ensalada fría que yo le había hecho, porque a mí me quedaba muy rica; le dije que con mucho gusto, pero que no me quedaba, porque ya tenía un compromiso me dijo que entendía. Llegaron las 2 mujeres y él me las presentó. Luego me llamó aparte, para pedirme que me quedara, porque no tenía otra persona que hablara con la prima, pues sus hermanos eran muy tímidos y se habían metido a sus cuartos para que no los vieran.

Le dije que no había problema que me quedaba un rato, pero que después tenía que irme, ya tenía una cita con mi hermana. Llamé a mi hermana, le dije que llegaría un poco más tarde porque estaba hablando con una chica, me respondió que bueno. Así que, me quedé hablando con las dos, mientras que mi amigo se duchaba y cambiaba, cuando ya lo hizo, fui yo hice lo mismo y regresé, para seguir hablando con la chica pues me gustaba como hablaba, pero no su físico. Trataba de olvidar a la búlgara que tenía esposo, pues me había enamorado de ella y cuando le propuse que se fuera a vivir conmigo, me dijo que era mejor que lo dejáramos, pues en su hogar estaba teniendo problemas con su esposo.

Ese día nos despediríamos, haciendo la última vez el amor, pues todo acabaría, ese día nos fuimos a bailar con la chica que estaba conociendo, nos fuimos en su coche, mi amigo en el coche de su novia. Se me olvidó la cita con mi hermana, pues esa noche sería el inicio de la relación con mi segunda esposa... ella es española. Cuando la conocí, no creí que sus padres eran racistas hasta que me presenté. El día que me vi con ellos, recuerdo que el padre me dijo, que quién me creía yo para andar en el coche de su hija. Le dije yo soy el novio de su hija, si ella me presta su coche es porque lo desea y si a usted no le gusta es su problema... ¡No les gusté! Pero no me importaba, siempre hacía lo que me daba la gana y más, si a la gente no le gustaba. Me mandó a decir con su hija que no me quería ver de nuevo en la casa de ellos, que no era bienvenido este HP. Mi novia me lo contó así, le dije que no había problema, que mientras que ella siguiera conmigo no me importaban ellos. Así empezamos nuestra relación, al cabo de unos meses como sabía que sus padres eran racistas, decidí darles una lesión. Le propuse matrimonio, pero no porque la amara, ni porque me gustara; sino para hacerles ver, que las personas racistas, son ignorantes, nadie es más que uno, ni uno más que ellos, solo nos diferencia un color, pero la gente se lo toma a pecho. Cuando le propuse matrimonio se alegró, hicimos los preparativos, invitamos a sus padres y familia. La familia fue, pero sus padres no… No aprobaron ese matrimonio.

Me dio tristeza por ella. porque sus padres no vinieron. Pero no podía hacer nada más, sino solamente trabajar duro para salir adelante. Nos fuimos a vivir juntos con su niño (tenía 5 años), comencé a criarlo como si fuera hijo mío, pero cada vez que le compraba ropa su abuela la manchaba y me la mandaba de vuelta manchada, no entendía por qué hacía eso, lo único que sabía es que ella no me quería en su familia. Cuando conocí a mi esposa ella metía cocaína, yo no sabía hasta que me lo hizo saber; que, si yo no sabía dónde conseguir 1 gramo de cocaína, le dije que sí pero que no sabía que ella también le gustaba eso, me dijo que sí, pero que poco. Pues comenzamos a armar nuestras fiestas, ella siempre me pedía ir a buscar la cocaína, nos volvimos muy adictos los dos, en la casa donde yo vivía armamos nuestras fiestas.

Hasta que un día cometí el error de hacer un trío. nunca había hecho un trio y a ella no le pareció mal. Lo hicimos con un amigo que era el que me vendía la droga (la cocaína), te da deseos sexuales y siempre que consumía se me despertaba ese demonio. Duramos mucho tiempo haciendo tríos. También hicimos un intercambio de parejas con una pareja amiga de nosotros, pues a ellos también le gustaba experimentar, esto es un éxtasis que no se puede explicar. Ya me había vuelto adicto otra vez a la cocaína, pero ya consumía lo que se llama "porro" en España y cigarrillo. No sabía cómo dejarlo otra vez, pues estaba muy sumergido en las drogas y el sexo. Nos visitó un familiar, una mujer y con ella también hicimos una orgía, pues a ella le gustaban las mujeres y los hombres, esto me excitaba más, ver dos mujeres, haciendo el amor. Y así me la pasé la mayor parte de los años, su familia me hacía la vida imposible y yo había perdido mi carácter, pues me manejaban a su antojo, hasta que llegó mi segundo hijo. Estaba muy feliz, pero realmente yo no quería tener más hijos; sin embargo, el universo tendría otro propósito para mí, pues no había aprendido hacer buen padre, dedicarle tiempo a un hijo, pues él, <u>llegó para enseñarme eso</u>.

Cuando mi segundo hijo tenía 8 meses, llegó mi primogénito que estaba en Colombia, ya tenía 3 hijos que mantener y enseñar; Dios me dio la sabiduría para enfrentar todo eso, pero llegó el momento, pasados 3 años, en que me tocó tomar una decisión, porque mi hijo mayor no se comportaba bien en la casa, así que lo mandé de nuevo para Colombia, para que aprendiera a valorar lo que en el momento yo le podía ofrecer, el no lo apreciaba y por ende tomé la decisión de mandarlo. Lloré, porque otra vez tenía que desprenderme de él, pero era para su bien. Al año siguiente, las cosas se pusieron turbias, pues a su padre le habían diagnosticado cáncer, que se le esparció por todo el cuerpo, no tenía cómo salvarse.

Un día hablé con mi hermana, porque me notaba que yo había cambiado, me dijo que me tenían embrujado que si quería ella tenía una persona que le hacía los trabajos, que también leían las cartas de tarot, para que me las leyera a ver qué me deparaba la vida. Acepté, pero sin que mi esposa lo supiera. Él me dijo que, tanto mi suegra, como mi esposa me tenían embrujado y si usted se va para la casa de su suegra, de allí va a salir con las maletas en la mano. Dijo que me tenía que limpiar pues me habían hecho vudú (la madre y ella), magia negra.

La madre para separarme de su hija y ella para que estuviera siempre ahí. Fue cuando abrí mi mente y le dije, hágame el trabajo quiero deshacerme de estas energías negativas. Me cobró $500.000 pesos por el trabajo. Cuando me lo hizo, volví a recuperar mi carácter y fue como que de mi mente se quitará una niebla que tenía, para no ver lo que estaba pasando. Gracias a él me quité esa brujería, pude poner a prueba a mi esposa, si me quería por dinero o por lo que yo era. Trabajamos en una finca, un día estábamos discutiendo, cuando ella me dijo ¡no te quiero, nunca te he querido, te dejé de amar hace mucho tiempo! Y… tu hijo no es tu hijo es de otra persona, le dije no importa lo de mi hijo, lleva mi apellido y por ende es mi hijo, pero en cambio tu eres poca cosa y desde hoy dejas de ser mi esposa en cuerpo y alma, porque de ahora no eres nada para mí y cuando muera tu padre me iré de la casa, no me voy antes porque yo sé que vas a sufrir por la muerte de tu padre, así que esperaré hasta ese día y al otro día me marcharé.

Así lo hice, pasados 15 días que se murió el padre, al día siguiente, me marché, mi hermana vino por mí porque yo le había hablado, le dije que si podía vivir con ella mientras que pasaba este duelo, pues no quería volver donde mis amigos pues me volvería a perder, quería saber por qué el destino volvía a separarme de lo que, con tanto esfuerzo, logré conseguir, porque teníamos todo lo que una pareja quiere tener; pasé 8 años de mi vida trabajando fuerte para que mis hijos tuvieran lo necesario y yo poder estar tranquilo en mi hogar, ya casi lo conseguía, sólo faltaba el apartamento que estaba construyendo donde los padres de mi esposa, quienes le había regalado un apartamento a cada hijo. El apartamento de mi esposa estaba casi terminado, porque yo puse una parte de dinero para poder pasarnos allí y así comenzar a viajar por todo el mundo, ese era mi sueño… ¡viajar por todo el mundo!

Pero ella tenía otro concepto, miraría para su lado, más no para el lado de una pareja que se quiere y trabajan juntos. Cuando me separé de ella, me dolió mucho, no por la separación directa de ella, sino porque otra vez el universo me separaría de mi hijo; ya había aprendido a ser buen padre, pues le di mucho tiempo a ¿mi hijo. Como un padre tiene que ser con su hijo educarlo y cuidarlo… ¡pase la prueba! que años atrás siendo joven, no desempeñaba muy bien, recuerda que Dios te da para que administres las obras de él aquí en la tierra, animales, plantas etc. y sobre todo tus hijos… **¡sé un buen administrador!**

"Todo viaje que emprendas, es lo que aporta la felicidad, no el destino; todo lo que deseas y consigues. Ya la mente te está preparando para otro viaje, así que disfruta de cada viaje.

Autor: Yamil Morales M.

"LA TRANSFORMACIÓN DE TU SER… y el despertar de tus dones"

YAMIL MORALES MONTOYA

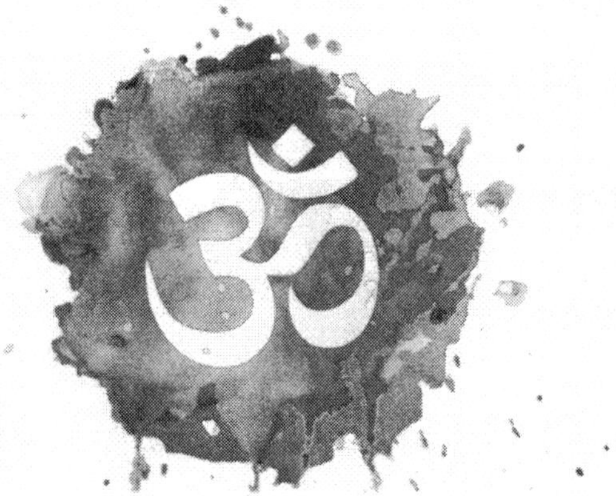

"LA TRANSFORMACIÓN DE TU SER... y el despertar de tus dones"

YAMIL MORALES MONTOYA

Capítulo 7
La religión

Me marché para la casa de mi hermana pues ella ya tenía otro esposo. Era de la religión Testigos de Jehová, pues yo no creía mucho en las religiones, más cuando escuchas lo que mi cuñado me decía, sobre por qué él había dejado a su mujer por irse con mi hermana, entonces no era bienvenido a la iglesia donde él llevaba muchos años asistiendo. No tenía más dudas de que la religión no era el camino, ahora te voy a contar algo que necesitas saber para que tú mismo abras tus ojos y no te dejes manipular por cualquier clase de religión. Te voy a mostrar con pruebas de la misma biblia (por si tú en algún momento crees que sabes mucho) ya que estás por esta página, vas a ver la realidad, te voy a marcar cada versículo y capítulo de la biblia para que sepas que al Dios que tú oras o sigues con la palabra de la biblia, que no es un Dios.

Ese Dios es el más sanguinario que yo he escuchado a lo largo de mi historia, no necesito que me creas, solamente tu propia mente y tu razonamiento te hará entender lo que a mí me costó muchos años entender, por eso estás aquí leyendo este libro, necesitas conocer la verdad, porque si en este momento estás en alguna de las religiones, cuando ya leas esto, no te quedará más ganas de volver a ninguna iglesia, por qué Dios no tiene religión, ni raza, ni color. Donde tus ores o medites ahí estará Dios.

Mi hermana mayor que se llama Mari, ella estuvo por 15 años en una iglesia cristiana. Hasta tal punto que puso un retrato de su pastora en la casa paterna y no le gustaba que le dijera nada en contra de su iglesia. Pasó muchas navidades sin poder disfrutar con su familia pues como dicen los cristianos eso es un acto pagano. Yo conocía ya la historia de mi hermana y sé que pudo cambiar algo de su vida, pero no porque la religión la transformara sino porque ella misma tuvo la fortaleza de cambiar y perdonar. Recuerda que nadie te cambia a no ser que tú, lo quieras. Cada persona tiene el poder de cambiar, transformarse y curarse si está enfermo. Muchas personas se levantan todos los días diciendo que quieren cambiar sus vidas y no lo hacen.

Te comento un poco de esta pequeña historia de mi hermana, para que entiendas que lo que vas a leer más adelante, tendrá muchos beneficios para ti, pues ya no podrán controlarte, ni manipularte, porque eso lo que hace la religión, manipularte, controlarte y sobre todo meterte miedo para así tener el control absoluto de tu vida. Era el año de la pandemia y mi hermana se fue unos meses para Cali a estar con mi otra hermana y mi madre. Mi hermana mari sufría de hipertensión y otras enfermedades que no quiero comentar. Estando en esa casa le dio tendinitis en un brazo, era un dolor insoportable, me llamó y me comentó, le dije que yo la podía ayudar, si quería, me dijo que sí, porque los hermanos de la iglesia no se preocupaban por ella, ni siquiera la habían llamado para saber cómo estaba. le hice una terapia de Reiki a distancia, que es "sanación por imposición de manos.

Esta terapia se puede dar a distancia, eso hice con mi hermana, también le di una psicoterapia para que entendiera a que se debía ese dolor, le dije que se viera unos vídeos y escuchara unos audiolibros para que entendiera, lo que en el momento no veía. Pudo entender y lo hizo, se quedó sorprendida de lo que pudo leer en los capítulos y versículos de la biblia que supuestamente ella entendía. y poco a poco fue cogiendo más entendimiento de las cosas que ella leía y veía. Pasado 5 meses decidió salirse de la iglesia donde ella estuvo por 15 años dando su vida, trabajo y dinero a esa iglesia. Ahora puede decir ella y manifestar que gracias al trabajo de ella y lo que yo hice por ella, con mis herramientas que tengo para las personas como lo es la hipnosis regresiva del Reiki. La constelación familiar. El TRE trabajo de respuesta espiritual. Para psicología y alta magia. La meditación, todas estas terapias son las que ayudaron a mi hermana a salir de las enfermedades que, tenía tomaba muchas pastas. Ahora ella puede decir que sólo toma una pasta para la tiroides. El resto de las pastas ya no las toma no tiene necesidad, pues no tiene las enfermedades qué padecía antes.

Y no te preocupes que aquí yo te voy a revelar todo lo que tú necesitas saber, las preguntas que andan en tu cabeza porque son muchas y cada una de ellas serán respondidas a su tiempo. Empecemos por mostrarte al Dios Jehová al que tú tanto veneras. Recuerda que yo no soy ateo yo soy una persona espiritual, o sea todos somos espíritus de naturaleza. Pero cuando yo me llamo espiritual, es porque ya estoy despierto y veo lo que tú de momento no ves. Para que lo entienda más claro soy un buda… buda quiere decir en el budismo "el despierto".

¡Comencemos! Génesis capítulo 3 versículo 9: "Mas Jehová Dios llamó al hombre, y le dijo. Dónde estás tú, Adán respondió hoy tu voz en el huerto y tuve miedo porque estaba desnudo y me escondí". Si Dios lo sabe todo hasta tus pensamientos, ¿cómo no iba a saber dónde estaba Adán? Esto es una incongruencia. ¡Pero sigamos!... vamos a Job capítulo 1 versículo 7: "Y dijo Jehová a satanás ¿de dónde vienes?, respondió satanás a Jehová y dijo: De rodear la Tierra y de andar por ella y Jehová dijo a satanás, no has considerado a mi siervo Job, que no hay otro como él en la Tierra, varón perfecto y recto, temeroso de Dios y apartado del mal; respondió satanás a Jehová, dijo: acaso teme Job a Dios de balde. No le has tú, cercado a él y a su casa, a todo lo que tiene, al trabajo de sus manos has dado bendición; por tanto, sus bienes han aumentado sobre la Tierra, pero extiende ahora tu mano y toca todo lo que tiene, y verás si no blasfema contra ti, en tu misma presencia; dijo Jehová a satanás: he aquí, todo lo que tiene está en tu mano, solamente no pongas tu mano sobre él, y salió satanás de delante de jehová". Como vemos jehová le pregunta a satanás de dónde viene, si Dios lo sabe todo porque le pregunta algo que ya sabe. Pero sigamos, más adelante le dice jehová, no has considerado a mi siervo, que no hay otro como él en la Tierra, varón perfecto y recto temeroso de Dios… ¡No tenemos por qué temerle a un Dios que es todo amor! Dios nunca te va a castigar por nada, la vida te hará entender las cosas que de momento haces contra tus hermanos, o sea contra las personas, porque tú no cometes pecado y ofendes a Dios, el pecado que tú cometes es contra las personas, no contra Dios. Cuando haces injurias hacia Dios, ahí si estas pecando contra él… otra incongruencia más.

Pero vayamos más adelante… Jehová utiliza ángeles para asesinar:

2 crónicas capítulo 32 versículo 20 al 22: "Más el rey Ezequías y el profeta Isaías, hijo de Amoz oraron por esto, y clamaron al cielo y Jehová envió un Ángel, el cual destruyó a todo valiente y esforzado y a los jefes y capitanes en el campamento el rey de asiria, este se volvió por tanto avergonzado a su Tierra, y entrando en el templo de su Dios, allí lo mataron a espada sus propios hijos". Aquí vemos muy bien como jehová manda a un Ángel a matar a muchas personas, no hay lógica, puesto que Dios es amor. Sigamos, Ezequiel capítulo 9 versículo 5 al 7: "Y a los otros dijo. Oyéndolo yo. Pasa por la ciudad en pos de él y matad. Hoy no perdone vuestro ojo, ni tengáis misericordia. Matad a viejos, jóvenes y vírgenes, niños y mujeres hasta que no quede ninguno. Pero a todo aquel sobre el cual hubiere señal, no os acercaréis y comenzaréis por mi santuario. Comenzaron pues desde los varones ancianos que estaban delante el templo y les dijo, contamina la casa llena los atrios de muertos, salid, y salieron y mataron en la ciudad" … si Dios es misericordioso ¿por qué mandó a matar a todas estas personas?

Pero sigamos, Lo único que quiero es que conozcan la verdad, por eso Jesús el maestro dijo: "la verdad os hará libre". Pero sigamos un poco más para que lo tenga más claro. Ya estás aclarando muchas dudas, es bueno que las despejes todas, porque todas esas dudas vienen de tu espíritu, hoy tu alma ya sabe, lo que tú a todo momento te preguntas; pero tranquilo, recuerda que yo te prometí que te diría todo para que todas esas preguntas que tienes sean resueltas en este libro.

Números capítulo 15 versículo 32 al 36: "Cuando los hijos de Israel estaban en el desierto, encontraron a un hombre que recogía leña en el día de reposo, los que lo encontraron recogiendo leña lo llevaron a Moisés y Aarón, y a toda la congregación y lo pusieron bajo custodia porque nos había aclarado que debería hacerse con él. Entonces el Señor dijo a Moisés, hoy ciertamente al hombre se le dará muerte, toda la congregación lo apedreará fuera del campamento y toda la congregación lo sacó fuera del campamento y lo apedrearon y murió tal como el Señor había ordenado a Moisés", como habrás visto y si has leído los 10 mandamientos, en uno de ellos pone "no matarás", entonces ¿cómo un Dios da la orden a Moisés para apedrear a uno de sus hijos?... esto no tiene lógica ni juicio, recuerda que **Dios es solo amor**; pero ya que eres muy sectario de la religión, sigamos, te voy a dar 2 ejemplos más para que lo tengas claro, ya después serás tú quien saque sus propias respuestas, cuando termines el libro y hagas cada paso de él, te lo aseguro, que ya no volverás a ser el mismo, porque tendrás a DIOS en tu corazón, donde siempre ha estado esperando por ti.

Si habrás visto el cuadro del Señor de los milagros, hace referencia a un corazón muy grande y te señala el corazón, también lo dijo el maestro Jesús, busca dentro de ti, en Mateo capítulo 13 versículo 13, dice: "por eso les hablo por parábolas, porque viendo no ven, oyendo no oyen, ni entienden". Éxodo capítulo 12 versículo 29: "aconteció que, a la media noche, Jehová mató a todo primogénito en la tierra de Egipto, desde el primogénito de faraón que se sentaba en su trono, hasta el primogénito del cautivo que estaba en la cárcel y todo primogénito de los animales", puedes ir a cada capítulo y versículo de la biblia para comprobar. 1 de Samuel capítulo 15 versículo 3: "ve pues y hiere a Amalec y destruye todo lo que tiene y no te apiades de él, mata a hombres, mujeres, niños y aun los de pecho, vacas, ovejas, camellos y asnos". Ya que tienes todas estas referencias, te invito a que hagas una reflexión para que diferencies la espiritualidad y la religión.

- ✓ La religión no es solo una, hay cientos.
- ✓ La espiritualidad es una.
- ✓ La religión es para los que duermen.
- ✓ La espiritualidad es para los que están despiertos,
- ✓ La religión es para aquellos que necesitan que alguien les diga que hacer y quieren ser guiados.
- ✓ La espiritualidad es para aquellos que prestan atención a su voz interior.
- ✓ La religión tiene un conjunto de reglas dogmáticas.
- ✓ La espiritualidad invita a razonar todo y cuestionar todo.
- ✓ La religión amenaza, asusta y te mete miedo.
- ✓ La espiritualidad da paz interior y despierta tus dones.
- ✓ La religión habla de pecado y de culpa.
- ✓ La espiritualidad dice aprende del error.
- ✓ La religión reprime todo y en algunos casos es falsa.
- ✓ La espiritualidad transciende todo, te acerca a la verdad del despertar.
- ✓ La religión habla de un dios, no es DIOS.
- ✓ La espiritualidad es todo y por tanto es DIOS.
- ✓ La religión no tolera ninguna pregunta.
- ✓ La espiritualidad cuestiona todo.
- ✓ La religión es humana, es una organización con reglas de hombres.
- ✓ La espiritualidad divina, sin reglas humanas.

- ✓ La religión es causa de divisiones.
- ✓ La espiritualidad une.
- ✓ la religión te busca para que creas.
- ✓ La espiritualidad tiene que buscarla para creer.
- ✓ La religión sigue los preceptos de un libro sagrado.
- ✓ La espiritualidad busca lo sagrado en todos los libros.
- ✓ la religión se alimenta del miedo.
- ✓ La espiritualidad se alimenta de la confianza y de la fe.
- ✓ La religión alimenta el ego.
- ✓ La espiritualidad impulsa a trascender.
- ✓ la religión vive en el bajo astral.
- ✓ La espiritualidad vive en la conciencia.
- ✓ La religión se ocupa con el hacer.
- ✓ La espiritualidad tiene que ver con el ser.
- ✓ la religión nos hace renunciar al mundo para seguir a un Dios.
- ✓ Hoy la espiritualidad nos hace vivir en Dios, sin renunciar a nosotros.
- ✓ la religión es un culto.
- ✓ la espiritualidad es la meditación.
- ✓ la religión nos llena de sueños de Gloria en el paraíso.
- ✓ La espiritualidad nos hace vivir la Gloria y en el paraíso aquí y ahora.
- ✓ hoy la religión vive en el pasado y en el futuro.
- ✓ La espiritualidad vive en el presente.
- ✓ La religión crea claustros en nuestra memoria.
- ✓ la espiritualidad libera nuestra conciencia.

- ✓ La religión nos hace creer en la vida.
- ✓ La espiritualidad nos hace conscientes de la vida eterna.
- ✓ la religión promete vida después de la muerte.
- ✓ La espiritualidad promete encontrar a Dios en nuestro interior durante la vida y la muerte.

Alejandro Jodorowski

"No somos seres humanos que hacemos una experiencia espiritual, hoy somos seres espirituales, que atravesamos por una experiencia humana."

Ya que conoces un poco de la biblia, que la has podido leer con tus propios ojos, solamente yo mostrándote unos cuantos capítulos y versículos que tú mismo pudiste verificar, te animo a que despiertes, que no pares tu conocimiento, el que lee sale de la ignorancia puesto que tenemos una mente y limitante y prodigiosa sí le sabemos utilizar con razonamiento. Y no te estoy diciendo que la biblia sea mala es un libro que aporta mucho material para tu vida, como los Proverbios, los Salmos y el Nuevo Testamento; pero realmente tienes que leer otros libros para que así conozcas el poder que tienes tú, la religión nos aparta del propósito de nuestras vidas y a veces de nuestra propia familia.

Porque amigo mío la familia en lo más importante en esta vida. así que te invito a qué te cuestiones todo y leas libros de crecimiento personal y espiritual, así podrás elevar tu vibración a la medida que expandas tu conciencia; más adelante, te mostraré el camino para que tú mismo llegues a donde todo el mundo quiere llegar… **¡El despertar!**

Y voy a finalizar ese capítulo con el "Dios de Spinoza".

Cuenta la historia que le preguntaron a Einstein, si creía en Dios, y este le contestó: Creo en el "Dios de Spinoza",

Espinoza, filósofo, racionalista del siglo XVII, supuestamente holandés puro; los más rigurosos escarbadores de su vida sostienen que fue español, judío sefardita, hoy se exilió de la inquisidora España y se radicó

"LA TRANSFORMACIÓN DE TU SER...
y el despertar de tus dones"   YAMIL MORALES MONTOYA

en Holanda; precisamente por sus pensamientos racionalistas, que de seguro lo hubieran llevado a la hoguera, el poeta Anand Dilbar reescribió las respuestas de Einstein y quedó este escrito bellísimo que les comparto. DIOS hubiera dicho: Deja ya de estar rezando y dándote golpes en el pecho, lo que quiero que hagas es que salgas al mundo a disfrutar de tu vida, hoy quiero que goces, que cantes, que te diviertas y que disfrutes de todo lo que he hecho para ti, deja ya de ir a esos templos lúgubres y fríos que tú mismo construiste, que dices que son mi casa, mi casa está en las montañas, los montes y los lagos, los bosques, los ríos y las playas; ahí es donde vivo, ahí expreso mi amor por ti, deja ya de culparme de tu vida miserable, yo nunca dije que había algo mal en ti, o que eras un pecador o que tu sexualidad fuera algo malo; el sexo es un regalo que te he dado y con el que puedes expresar tu amor, tu éxtasis, tu alegría, así que no me culpes a mí por todo lo que te han hecho creer; hoy deja ya de estar leyendo supuestas escrituras sagradas que no tienen nada que ver conmigo, si no puedes leerme en un amanecer, en un paisaje, en la mirada de tus amigos, en los ojos de tu hijo, no me encontrarás en ningún libro…

… confía en mí y deja de pedirme, ¿me vas a decir a mí cómo hacer mi trabajo?, deja de tenerme tanto miedo, yo no te juzgo, ni te critico, ni me enojo, ni me molesto, ni castigo, yo soy puro amor, deja de pedirme perdón, no hay nada que perdonar, sí… ¡yo te hice!, yo te llené de pasiones, delimitaciones, de placeres, de sentimientos, de necesidades, de incoherencias, de libre albedrío, ¿cómo puedes culparte si respondes a algo que yo puse en ti?, ¿cómo puede castigarte por ser como eres, sí yo soy el que te hice?, ¿crees que podría yo crear un lugar para quemar a mis hijos porque se porte mal?, ¿qué clase de Dios hace esto?, respeta a tus semejantes y no hagas lo que no quieras para ti, lo único que te digo es que pongas atención en tu vida, que tu estado de alerta sea tu guía amado mío, esta vida no es una prueba, ni un escalón, ni un paso en el camino, ni un preludio para el paraíso; esta vida es lo único que hay aquí y ahora, lo único que necesitas, de hecho absolutamente libre, no hay premios ni castigos, ni pecados, ni virtudes, nadie lleva un marcador, nadie lleva un registro, eres absolutamente libre para crear en tu vida un infierno o un cielo, no te podría decir si hay algo después de esta vida, vive como si no lo hubiera, como si esta fuera tu única oportunidad de existir, disfrutar, amar; así, si no hay nada, pues ahora has disfrutado de la oportunidad que te di, me aburre que me alaben, me harta que me agradezcan, te sientes agradecido, demuéstralo cuidando de ti, de tu salud de tus relaciones, del mundo, expresa tu alegría, esa es la forma de alabarme, deja de complicarte las cosas y de repetir como perico lo que te han enseñado acerca de mí, lo único seguro es que estás vivo aquí y que este mundo está lleno de maravillas, ¿para qué necesitas más milagros?, ¿para qué necesitas tantas explicaciones?, no me busques fuera, no me encontrarás, búscame dentro, ahí estoy latiendo en ti.

Como lo has visto Dios es puro amor, tú tienes todas las respuestas en ti, si no que no deseas ver, porque tu mente y tu ego son más fuerte que tú.

"La fe es cuando ves lo que los ojos no pueden ver y aun así, te atreves a dar el primer paso para manifestar el milagro"

Autor: Yamil Morales Montoya

"LA TRANSFORMACIÓN DE TU SER... y el despertar de tus dones"

YAMIL MORALES MONTOYA

"LA TRANSFORMACIÓN DE TU SER...
y el despertar de tus dones"   *YAMIL MORALES MONTOYA*

"LA TRANSFORMACIÓN DE TU SER... y el despertar de tus dones"

YAMIL MORALES MONTOYA

"LA TRANSFORMACIÓN DE TU SER... y el despertar de tus dones"

YAMIL MORALES MONTOYA

Capítulo 8

Encontrando mi ser

Antes de marcharme de la casa que era mi hogar estaba esperando a que llegara mi esposa para entregarle las llaves y que ella me entregara unas cosas que yo tenía en el trasteo; yo había separado los documentos un día antes, tanto los de ella, como los míos. En esos documentos iban unas fotos de mi hijo Michael y documentos como: el certificado de la nacionalidad que ya había obtenido por derecho, yo le había pedido a ella que no tocará mis documentos, porque ya sabía cómo era y además, le dije que le iba a dejar todo lo que habíamos construido en los 8 años, incluido lo que logré meter de mi dinero y mi esfuerzo, en un apartamento que los padres le habían dado a ella. No te voy a argumentar todo lo que viví con esa familia, pues lastimosamente también era familia de mi hijo, pero créeme, fueron cosas que me fortalecieron para realmente saber que cada persona da lo que hay en el corazón.

Mi esposa me tomó los documentos, las fotos de mi hijo, lo cual le había dicho que no me tocará. Ese día que ella llegó, se encontró con una gran sorpresa, el televisor que yo había comprado, decidí regalárselo a mi hermano, pues sabía que a ella le dolería, pues le gustaba el dinero. Cuando llegó, yo estaba esperando en el balcón. abrió la puerta y quería ver la reacción de ella cuando no viera el televisor... sí, miro en la sala, vio que no estaba el televisor, había una matera en la mesa, con mucha furia la cogió y me la pensaba tirar. Yo muy sereno le dije, mira muy bien lo que vas a hacer, que te puedes arrepentir; se calmó, dejó la matera en la mesa y dijo que por qué me había llevado el televisor, le dije que yo solamente le había dejado una condición, que no tocará mi documento, lo cual hizo, sabía que me había quitado esos documentos porque no quería que tuviera la nacionalidad española, pero ya me la habían otorgado, con o sin ese papel de todas formas yo podría ir a reclamar otro certificado al Registro Civil y me lo darían. Las fotos de mi hijo… me las quitó, porque pensó que también me dolería; pero se equivocaba yo tenía trazado un plan para transformarme; tanto así que cuando le entregué las llaves y puede sacar las cosas del trasteo, me dirigí hacia el nuevo coche que había comprado, no era de lujo, pero me podía movilizar…

… Para lo que tenía pensado hacer, ella se sorprendió mucho al verme que me subía al coche. pues creyó que venía a pie, yo le había dejado el coche que había comprado para nosotros, no me importaba dejarle las cosas materiales, lo importante era mi felicidad y me marché hacia mi nuevo hogar; gracias a mi hermana que ya había hablado con ella y me había tendido su mano, tenía donde dormir. Yo le dije antes a ella, que no quería volver donde mis amigos, pues necesitaba hacer una transición en mi vida. También le pedí que por favor no llevará en el transcurso de unos 3 meses, a la casa de ella, amigas, pues <u>no quería saber nada</u> de ninguna mujer, anhelaba entender qué había pasado en mi vida, porque se había repetido el mismo patrón, ya eran 3 mujeres que no querían estar conmigo.

Me dijo que sí, que contara con ella, el día que ella vino por mí a la casa en su camioneta, 15 minutos antes recibí una llamada al teléfono fijo de la casa, cuando contesté era la madre de ella, me dijo que, si podíamos hablar, que necesitaba decirme algo, yo rotundamente le dije no, no necesitaba hablar nada con ella y le colgué. Se enteró, porque yo cuando estaba metiendo las cosas a la camioneta de mi hermana, pasó un amigo de ambos y fue rápido a contarle, pues vivía a una cuadra de nosotros. Cuando colgué el teléfono saqué la última maleta, la trepe a la camioneta de mi hermana y nos fuimos, me iré atrás y se me encharcan los ojos de lágrimas pues era el sentimiento de tristeza de saber que un hogar que había formado con tanto esfuerzo y se volvió a esfumar de mis manos. No lo comprendía aún, pero más adelante si lo entendiera, era el plan divino que Dios tenía para mí. Antes, siempre solía colocarme en el balcón parte de la noche a fumar cigarrillo o tal vez un porro. Miraba al cielo y le preguntaba a Dios por qué estaba todavía ahí en esta casa, sino quería permanecer con esa mujer, amaba mucho a mi hijo, pero lastimosamente no la quería a ella, estaba ahí porque me habían hecho brujería.

Pero cuando uno está así, ni siquiera se imagina lo que las personas pueden hacer en contra de uno. Me enteré porque cuando decidí colocarle arreglos al apartamento de ella, lo primero que vi donde va El almario fueron unas velas derretidas… muchas, le pregunté ¿esto? pobre al que están velando. Ni siquiera me alcanzaba a imaginar era mi al que estaban velando, me contestó no es mi hermana que me pidió el favor para colocar estos velones y yo muy ingenuo le creí. Mi hermana la de Colombia, una vez me llamó, diciéndome, que por qué no me hacía unos baños y me hacía leer las cartas para ver cómo estaban en mi vida, yo le dije que no sabía a quién recurrir, me dijo no te preocupes yo tengo una amistad que hace todo eso esotérico.

Siempre me interesó la parte holística o sea lo esotérico, pues creía en ello y también creía que había energía negativa o sea que te podían embrujar hasta matarte. Pues en Florida cuando yo trabajaba, un señor iba a la cristalería para que le marcaran unos diplomas, él se dedicaba a todo eso, por eso creía de algo más allá de nuestros ojos; mi hermana me contactó con su amigo, él me leyó las cartas, me dijo: te están trabajando, te han hecho brujería y también magia vudú, la magia negra te la ha puesto tu esposa y la magia vudú tu suegra… ¡no lo podía creer!, pero lastimosamente era así, ahora ya entendía por qué no tenía carácter, siempre me he caracterizado por tener un buen carácter, no me dejo de nadie, siempre hice mi voluntad hasta el día de hoy. Le dije que puedo hacer, me dijo yo te hago el trabajo por $500.000 pesos, es un precio muy módico pues tu hermana me dijo por lo que estabas pasando, por eso te lo dejo en ese precio; pero si tú te mudas a dónde piensas vivir, porque estás haciendo unas obras en el apartamento de ella, te digo que de ahí saldrás con muchas lágrimas entre tus ojos y con dos maletas en tus manos, porque nadie de esa familia te quiere ahí.

Le dije muchas gracias y le mandé hacer el trabajo, te puedo garantizar desde lo más profundo de mi corazón, que noté como en mi mente se quitaba una niebla, comencé a recuperar todo mi carácter, me mandó a hacer unos baños y él hizo el resto. Entonces fue cuando puse a prueba a mi esposa para ver si verdaderamente me quería por amor o interés. En esa semana le dije, de ahora en adelante tú pagas tu mitad de arriendo y ponemos la mitad de la comida, todo por mitad. No pasó ni 3 días para que ella cambiara, pues ya me había visto diferente; (ahí fue cuando la tomatera) estábamos discutiendo y me dijo ya no te quiero he dejado de querer hace muchos años y el hijo de nosotros no es tuyo; yo le dije muy sereno tú no me interesas, gracias por decirme lo que sentías, te lo agradezco el corazón, pero desde hoy dejas de ser mi esposa en cuerpo y alma y lo de nuestro hijo, seguirá siendo mío, porque lleva mi apellido y hasta el día de hoy he sido un buen padre...

… Lo que me da tristeza es de contigo, al ver que no me querías, ni me amabas y así hacías el amor conmigo; sinceramente no valed nada, yo nunca podría hacer el amor con alguien que no me gustara ni que sintiera algo; pero eso es lo que nos diferencia entre tú y yo… yo tengo valores, tú no y recuerda, cuando tu padre muera, por la puerta de la casa saldré al otro día; así fue, como me mudé para la casa de mi hermana.

Ya sabía que iba a hacer, pues el Gobierno de momento me mantenía. En España se llama "el paro". Con eso podría darle a mi hermana para el alquiler y la comida, pues no quería que me mantuviera; le dije a mi esposa, solamente necesito 3 meses y a los 3 meses me iré de tu casa. Comencé a hacer ejercicio, a caminar, a nadar; retomé otra vez la Biblia, quería saber en qué me había equivocado pues creía que en la Biblia encontraría la respuesta. Pasados 3 días mi hermana me entregó libros para que leyera, pues veía que gustaba la lectura. Me expresó lo siguiente: escucha muy bien porque lo que te voy a decir, desde ahora lo puedes comenzar a poner en tus tareas diarias. El primer libro que me entregó se llamaba: "Sincro destino" del autor Deepack Chopra, el segundo: "Tú puedes sanar tu vida" de Louise hay. Estos dos libros que me dio los leí en una semana, cambió mi mentalidad de lo que yo tenía hasta en el momento, mientras que leía muchas palabras me parecían conocidas, pues lo que no sabía es que mientras que tú lees, el alma te va haciendo recordar lo que ya posees. Seguí entrenándome todos los días, bajaba de San Isidro al Médano, son 3 km de ida y 3 km de venida.

Aparte en el Médano, es una playa muy preciosa de Tenerife nadaba desde la plaza del médano, hasta donde finaliza el camino del médano, son aproximadamente kilómetro y medio y me devolvía nadando pues nadaba casi 2:30 h, a veces 3 en el mar, no importa cómo estuvieran las aguas tranquilas o con corrientes; lo único que me importaba era encontrar respuestas, pues de momento no las tenía. También hacía abdominales, pectorales, jugaba baloncesto, en un polo deportivo del pueblo; allí iba a entrenar mi cuerpo y mi mente, después de las 14:00 h de la tarde, porque cuando llegaba de Médano, de haber caminado y nadado, tenía que hacer las labores de la casa: como barrer, fregar y de vez en cuando cocinar, aunque mi hermana no me dejaba mucho cocinar prefería ella cocinar, pero el resto, todo lo que se le tiene que hacer a una casa lo hacía; era una de las formas de pagarle a mi hermana y aparte también me relajaba, pues después de todo ese trabajo que había hecho con mi cuerpo, sabía que tenía que regresar a las 14:00 h de la tarde y necesitaba volver a retomar mi ejercicio, como desde las 14:00 h de la tarde hasta las 18:00 h de la tarde trabajaba mi cuerpo en ese polideportivo, pues había como especie de un gimnasio para entrenar tu cuerpo solamente con barras, ahí me la pasé la mayoría del tiempo exactamente dos meses y medio, fue lo que duró mi entrenamiento después de pesar 90 kg, me vi con 55 kg; no podía adelgazar más, pues ya estaba extremadamente flaco, no lo podía creer, el último día de mi entrenamiento… ¡lloré de alegría!

Ese día me llevé un bolso pequeño con una botellita de agua, me la puse atrás en la espalda, pues quería saber cuánto podía correr de San Isidro, al Médano. pensaba correr de la gasolinera hasta la entrada del médano donde hay una iglesia. comencé a correr como nunca lo había hecho, solamente 3 paradas en el transcurso del trayecto y cuando miré el reloj, cuando llegué no lo podía creer, en tan solo 10 minutos había recorrido 3 km. solamente yo sé, cómo me sentí en ese momento; no quería impresionar a nadie, solamente mi único objetivo, era saber qué es lo que yo tenía dentro de mí.

Cada persona posee una fuerza inmensurable, lo había logrado, ya tenía una mente diferente y un cuerpo de puro entrenamiento. Al otro día bajé, pero ya con una ropa que me había comprado para ese día, hacia el Médano y recorrí por el paso de peatones, lo que yo solía nadar y se me salían las lágrimas de los ojos al ver que por fin lo había logrado y que en algún momento le haría conocer a la humanidad de lo que una persona puede hacer cuando se quiere transformar, pues veía que algo que estaba dentro de mí me ayudaba hacer lo que en algún momento cualquier persona diría es "imposible". Ya habían pasado dos meses y medio. Solo me quedaba una cosa por hacer para terminar mi transformación, quería irme para la playa 8 días sin ayuda de nadie. Sin comer nada durante ese tiempo, solamente lo que me diera la naturaleza uvas, góticos y almendras y agua era lo que tenía en mente comer; solamente quería ponerme al límite, pues nunca había pasado necesidades gracias a Dios, siempre había tenido lo que un ser humano necesita tener. Este era mi propósito.

Como ya había comprado el coche, pensaba dormir en él, a la orilla del mar, era viernes y pensaba irme el día lunes, pues las cosas se adelantarían, pues esa noche salí como de costumbre hacer ejercicio y a leer un poco, llevaba las llaves conmigo mientras que hacía unas abdominales, dejé las llaves encima de un ladrillo de cemento, no había nadie cerca donde yo estaba. Cuando ya terminé de hacer la abdominales, fui a buscar mis llaves y no las encontraba, no lo podía creer, habían desaparecido de la nada, pensé que se me habían caído y las comencé a buscar por el lugar… ¡no encontraba nada!, estaba preocupado más que todo por mi hermana, cómo le diría ahora que había perdido las llaves, pues era de un temperamento difícil. Fui a tocar a la casa para ver si me abrían y buscarlas dentro, porque pensaba que les había dejado allí y había salido sin ellas. Toqué el timbre, pero nadie me contestaba, decidí meterme por la ventana pues estaba abierta y cuando salté al otro lado me tropecé con una madera cayéndose un poco la tierra de la madera, pasé por el lado de la habitación de mi hermana ella inmediatamente lo notó, me dijo que por dónde había entrado, le tuve que decir por la ventana porque no encuentro las llaves, se enfureció mucho y dijo que ya estaba harta de mí, le dije ahorita hablamos voy a buscar las llaves porque no las encuentro.

Como no las encontraba regresé a la sala para recoger el poco de arena que se había derramado, mientras que estaba agachado, mi cuñado se acercó y me dijo que me largara de su casa, yo lo miré mientras que estaba arrodillado y le dije tranquilo, ya recojo mis cosas y me voy... así lo hice, entré a la habitación recogí mis cosas en dos bolsas (porque no tenía maleta) y me marché; no sabía para dónde iba a coger lo único que sí tenía en mente es que Iría para el Médano a pie, porque no encontré las llaves. Pasé por el lugar donde estaba haciendo el ejercicio, volteé a mirar y vi las llaves... ¡no lo podía creer!... es como si alguien me las hubiera escondido y después me las hubiera hecho aparecer, para que no me fuera a pie.

Ya estaba muy contento, no estaba preocupado pues con el coche ya lo tendría todo, prendí el coche metí las cosas y me fui, le di muchas gracias a Dios por haber vuelto a encontrar las llaves… y me fui para el Médano. Al otro día me fui a coger higos, picos, almendras, uvas. Y agua para tomar. Me fui para la playa ya llevaba 5 días, era el día de mi cumpleaños, estaba durmiendo dentro del coche, cuando alguien me tocó el parabrisa, me asusté, miré y era mi hermana y mi cuñado. Le abrí y salí, se echa a llorar y me dijo que la perdonara, al igual que mi cuñado, yo dije que no había nada que perdonar, que todo tenía que haber pasado así; me dijo que, si quería regresar, las puertas de su casa estarían abiertas, le dije que por el momento no, que todavía me faltaban un par de días, que necesitaba concluir ese ciclo pero que le agradecía haber venido, se despidieron y se fueron.

Llegó el día domingo (ya habían pasado 7 días), pues esto me había fortalecido mucho más, regresé a la casa de mi hermana, le dije gracias por haberme comprendido. Ya sabía que la vida me había mostrado todo lo que quería saber en ese preciso momento, valoré cada minuto y cada momento donde estuve, pues todos mis amigos que creí tener no se habían aparecido durante todo ese tiempo y más cuando me veían en la playa, hacían que no me habían visto. Todo eso me sirvió para saber qué clase de amigos tenía, comencé a preparar un currículum para comenzar a buscar trabajo, pues ya era el tiempo, tenía que volver a mi vida normal, pues no te puede salir de este mundo. Mi hermana la de Colombia y mi hermano de Nueva York Se hablaron entre ellos, para que yo viajara a Colombia y pudiera visitar a mi madre, pues habían pasado 11 años y yo no había vuelto desde que me fui de Colombia. En el año 2001, ¡sí! habían pasado 11 años por fuera de mi tierra. Me lo comentaron y acepté, ellos me dijeron que me pagaban el vuelo de ida y regreso, yo les dije: no solamente colabórenme con el de ida, yo me encargo el del regreso.

Pues siempre me ha gustado hacer mis cosas por mi propio medio. me fui 5 meses Para Colombia lo disfruté mucho esos 5 meses. Regresé otra vez a España donde mi hermana pues tenía que recuperar mi vida, trabajar irme de la casa de mi hermana. Cuando volví a España no dudé ni un momento, comencé a repartir currículum, habían pasado un mes y no encontraba nada es como si se me hubieran cerrado las puertas por toda parte. llamé a mi hermano y le dije quiero cambiar de vida no quiero estar más aquí en España ¿me podrías echar una mano para irme para Nueva York?, pero no tengo ni un peso, si me prestas te aseguro que yo te pago todo hasta el último peso… me dijo que no había problema, que me ayudaría; así fue como me separó el tiquete y me esperaría con sus brazos abiertos. Faltando 2 días para mi viaje recibí una llamada de un amigo me dijo que me tenía trabajo, para trabajar en construcción, yo muy sereno le dije muchas gracias, te lo agradezco haber pensado en mí, pero ya tengo un viaje para Nueva York y no pienso echarme para atrás te lo agradezco de nuevo en otro momento será.

Así fue como me fui para Nueva York, algo me esperaría en la ciudad más famosa del mundo. Ya me había recuperado del todo, ya no metía drogas, ni licor, había dejado todo… ¡ya me había recuperado! Era un ser nuevo, también había recuperado mucho el habla, pues había leído mucho y cuando tú lees, puedes sacar de tu diccionario de la mente cualquier tipo de palabra. Además, lo que son las drogas y el licor hacen que se te pegue más la lengua, por eso si estás leyendo todavía este libro… espero que sí, sepas y entiendas que, si quieres hablar como una persona natural, debes asumir el reto de dejar todos los vicios y ponerte a leer, te aseguro que vas a poder recuperar tu habla un 98%, pues eso me pasó a mí y todos somos iguales tenemos la misma mentalidad, pero con diferente voluntad.

Recuerda que todavía no hemos entrado al final porque allí comenzaré a hablarte de todo el proceso y la transformación que hice en mi vida, para nunca más volver a caer en la tentación del licor y contaminar mi cuerpo con las drogas. Ahora te voy a contar todo el ejercicio que hice para que tú te pongas en marcha también, a hacer ejercicio. Y si no quieres hacer ejercicio lo único que te puedo decir, es que si quieres cambiar en la manera en que piensas y vives, debes de hacerlo. No para que hagas más de lo que yo hice, sino, con solamente una hora diaria que hagas ejercicio, es suficiente; yo me atreví a hacerlo porque tenía mucho tiempo; aparte cuando iba caminando, iba escuchando audiolibros de superación personal y de espiritualidad. Por eso te digo que leí y escuché muchos audiolibros, que también te los voy a poner, para que tú también hagas lo mismo. Recuerda que entre más leas y escuches, será beneficioso para tu vida, porque después vendrán las pruebas, tendrás que enfrentarlas, para poder ir ganando las virtudes; de eso se trata la vida, de tener conocimiento, adquirir conocimiento y pasas la prueba… adquieres **"sabiduría"**.

Te voy a poner un ejemplo, ¿has visto los caballos? hay 3 clases de caballos que se parecen a la vida de un ser humano. El primero es el caballo carretillero: para poder que ande el caballo carretillero tienes que estarle pegando con el látigo, así el hace su trabajo. Está el otro que es el que galopa: es el que tienen en las fincas, también hay que pegarle con un bajo, pero cuando se remacha, le pegas un latigazo y si en el camino más adelante se te remacha, tiene que volverle a pegar. Y el último es el caballo pura sangre: que solamente con levantar el rejo camina… no le gusta que le peguen.

En la vida humana, la primera persona es el que se mete en problemas: la vida lo golpea y lo golpea, pero no quiere transformarse. Está el segundo que la vida ya lo ha golpeado: se endereza y con los años de nuevo se pierde y vuelve la vida y los golpea, dándoles latigazo 1 tras otro para poder que se transforme. Y el último es el maestro espiritual, que solamente con ver la prueba ya sabe que tiene que pasarla, no le gusta que la vida lo latiguee, pues no quiere generar karmas. Por eso la vida consiste en quitarnos la ignorancia de nuestra mente y de la única manera que se quita es leyendo.

Ahora sí pasemos a la lista de lo que hice en esos dos meses y medio.

- ✓ 75000 pectorales
- ✓ 225 kilómetros nadando a mar abierto.
- ✓ 900 kilómetros caminando

También me entrenaba en el polideportivo 4 horas jugando baloncesto; y las barras que hay en ese lugar. En total de horas que hacía ejercicio eran 12 horas diarias y comía los tres platos: desayuno, almuerzo y comida. Más pura agua. Así fue como encontré mi ser. Tienes que sanar tu niño interior, eso fue lo primero que hice cuando comencé el entrenamiento, le dije a mi niño interior que desde ese momento me iba a ocupar de él, que nadie volvería a molestarlo ni abusar de él, que siempre lo protegería y que me sentía muy orgulloso de él por haber disfrutado de nuestra vida. Te voy a dejar un ejercicio para que comiences con tu niño interior a sanarlo.

También hay terapias como la hipnosis o constelaciones familiares que te ayudan en ese proceso. Más adelante podrás ver estas terapias. La mayoría de las personas tanto hombres, como mujeres no han sanado su niño interior, así que te invito, si estás leyendo este libro, a que comiences a sanar tu niño interior porque de él depende todo el éxito de tu vida.

Este ejercicio es de la terapeuta Margarita Blanco.

"Terapia del niño interior"

Vamos a hacer una visualización a través de tus pupilas, vas a ver tu niño interior (necesitaremos un espejo de mano). Vas a observar tus pupilas, lo que tienes que saber es, que lo único que no cambia de tu cuerpo es el iris de tus ojos. Cuando tú miras tus ojos por el espejo, vas a ver tu niño interior. Ahora vamos a cerrar los ojos y hacemos 3 ejercicios de respiración. Cuando abras tus ojos vas a ver en el espejo a esa niña o niño interior. Le vas a decir estas hermosas palabras: "pequeñito, pequeñita hoy me estoy dando cuenta de que estás allí, de que ciertamente sabemos que no hemos vivido muchos momentos fáciles, hemos tenido situaciones difíciles, situaciones complicadas que nos han herido y que nos han lastimado. Pero… pequeñito, pequeñita, dulce criatura, hoy estoy más claro que nunca, ¡que te quiero rescatar!, que quiero ir a traerte aquí, hoy, a la superficie para escucharte y darte voz a que me digas qué te duele, qué necesitas, cómo te sientes y me digas qué necesitas de mí, cómo te puedo yo ayudar.

Déjame hacer eso por ti, nada me daría más alegría que ir a recuperarte en amor. Pequeñito, pequeñita, sé que te faltó mucha protección, que te faltó reírte más, sentirte más protegido y protegida; faltó que te trataran con mayor respeto, pero aquí estoy yo, para darte todo eso pequeñita tan hermosa, chiquitico tan guapo… ¡te quiero profundamente… con todo el corazón!

Quizás aún, no vaya a recogerte, a rescatarte, a sacarte de ese lugar oscuro donde estás, pero ya sé que estás allí, lo sé a través de tus ojitos, ya sé que estás dentro de mí y poco a poco voy a ir recuperándote, para darte todo el amor que mereces, porque tu criaturita hermosa, eres mucho más de lo que tú has creído que eres… ¡tú puedes lograr tu sueño! ¡tú vales! eres extraordinariamente valioso y valiosa, mereces lo mejor y solo lo mejor. Aquí estoy, aquí estás y muy pronto estaremos más y más en contacto" …

Quédate viendo esos ojitos más por unos segundos, si sientes que deseas llorar o se rueda alguna de tus lágrimas, déjalas que fluyan, es la niña la que está llorando, Es el niño que está diciendo: ¿de verdad de verdad me vas a rescatar? ¿de verdad me vas a querer y proteger? ¿de verdad me vas a sacar de este lugar donde estoy solo y abandonado? Qué bendición sería si lo hicieras, dile que muy pronto estarás en contacto con esa niña o con ese niño. Cierra tu espejito y regresa aquí y al ahora.

Como lo habrás visto, si has logrado contactar con tu niño interior, me alegra por ti, pues es algo que de ahora en adelante tendrás que hacer. Dile las palabras más hermosas, las que a ti te gustaría que te dijeran, porque recuerda que algo dentro de nosotros ha estado siempre presente.

Gracias a ese niño interior, pudiste disfrutar de algunos momentos mágicos en tu vida cuando eras niño. No para todos, los niños es color de rosa. Pero lo que sí debes tener claro es que ahora eres mayor y tienes que hacerte cargo de ese niño, del que, en algún momento, muchas personas abusaron e irrespetaron.

Que te quede claro, tú eres especial en este mundo, por eso ahora ya que sabes dónde está tu niño interior, es hora de que comiences tu proceso. Más adelante te entregaré varios ejercicios para que también puedas sanar tu linaje. Recuerda que las palabras tienen mucho poder… **¡Tú has venido a este mundo para ser feliz!**

"LA TRANSFORMACIÓN DE TU SER… y el despertar de tus dones"

YAMIL MORALES MONTOYA

"Que nadie te diga que no puedes hacer tu sueño, incluso tu familia, si lo deseas con todo tu corazón ¡persevera!, porque ahí está la clave del éxito.

Yamil Morales Montoya

"LA TRANSFORMACIÓN DE TU SER... y el *despertar de tus dones"*

YAMIL MORALES MONTOYA

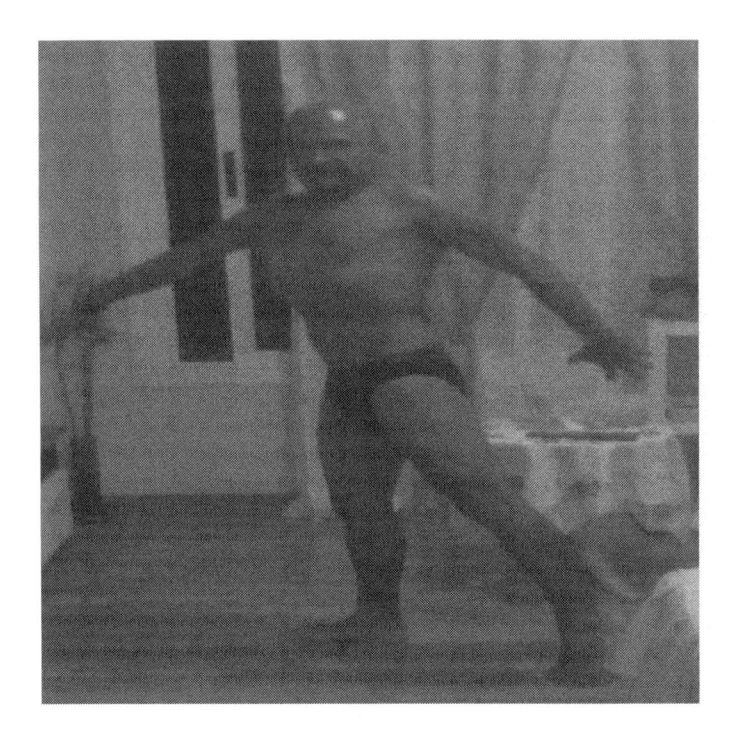

Tienes que estar dispuesto a perseverar todo el tiempo para cumplir tus sueños y seguir tu intuición .si lo haces Dios te mostrara el camino hacia el éxito.

Yamil Morales Montoya

"LA TRANSFORMACIÓN DE TU SER... y el *despertar de tus dones"*

YAMIL MORALES MONTOYA

"LA TRANSFORMACIÓN DE TU SER...
y el despertar de tus dones"   YAMIL MORALES MONTOYA

"LA TRANSFORMACIÓN DE TU SER... y el *despertar de tus dones"*

YAMIL MORALES MONTOYA

"LA TRANSFORMACIÓN DE TU SER... y el despertar de tus dones"

YAMIL MORALES MONTOYA

Capítulo 9

De artista a líder

Me embarqué en otro viaje desconocido para mí, pues era otro idioma y otro país que siempre anhelé conocer, pues cuando estaba pequeño soñaba conocer Disneylandia, pues mi hermano (2 años mayor que yo) estaba en Nueva York, <u>sabía que podía cumplir ese sueño</u>. Cuando llegué a Nueva York mi hermano no me pudo recibir, estaba en otra ciudad, pero dejaría a cargo unos amigos para que me recogieran. Solamente llevaba el número de teléfono de ellos, más no los conocía.

Llevaba dinero para el viaje, era por si me pedía emigración, la prueba que traía dinero, mi hermano me había prestado el dinero; cuando pasé migración sentí una gran alegría... ¡había cumplido mi sueño de llegar a Nueva York! Cuando salí del aeropuerto, no vi los amigos de mi hermana, me preocupé, no sabía qué hacer porque las personas hablaban inglés y yo no hablaba absolutamente nada de ese idioma. Lo que se me ocurrió fue, escuchar a las personas alrededor para ver si alguien hablaba español, tuve la fortuna de que había latinos esperando a que llegaran unos familiares de Colombia; ellos me prestaron el teléfono para llamar, no me contestaban, tanto mi hermano, como ellos. Me preocupé mucho más, ellos me dijeron: ¿hacia dónde se dirige? les mostré la dirección, me dijeron: no se preocupen nosotros lo llevamos, si usted quiere. Le dije que muchas gracias por el gesto tan humano que hacían por mí y decidí irme con ellos. Me llevaron hasta la casa de mi hermano, cuando bajé las maletas le fui a entregar dinero a las personas, me dijeron: "no tranquilo, yo sé lo que es llegar a un país siendo inmigrante"; les dije: muchísimas gracias, se lo agradezco de corazón, que Dios se lo multiplique… me dejaron allí y se fueron.

Toque la puerta. El señor que vivía también en esa casa (porque era una casa de 2 plantas), el juez, que me entregó las llaves, pude ingresar a la casa de mi hermano, pero mi hermano ya me había dicho con anterioridad que viviría en un cuarto lejos donde ellos, pues como conocían mi historia no querían tenerme en su hogar… yo los entendía. No perdí tiempo, antes de que llegara mi hermano fui a ver el lugar donde viviría, pues mi hermano me había dejado anotado el nombre de la persona donde me instalaría. Me fui caminando hasta el lugar para conocer un poco de las calles de Nueva York, pues creía que la nomenclatura de las calles me llevaría hasta ese lugar y sí, así lo hice.

Llegué hasta el lugar, toque el timbre, la chica que estaba en el lugar me respondió, pude subir a conocer el cuarto donde viviría por 1 año. Luego me llamó mi hermano, yo le respondí, le dije que estaba en la pieza donde viviría, pues quería conocerla, me dijo que lo esperara ahí, que me iría a recoger. Llegó, nos abrazamos, lloré, porque era mucha la felicidad de verlo, pues llevaba casi 15 años sin poder verlo, me invitó a cenar, desde allí comencé a buscar trabajo. Nueva York es muy caro y no se puede perder el tiempo. No encontraba trabajo por ninguna parte me hice una capacitación en construcción para que me dieran una tarjeta, así poder trabajar en este arte, duró 7 días, mi hermano me prestó también el dinero, encontré un trabajo donde unos judíos, ahí trabajé 7 días, pero en esos días me corté la mano, mi hermano vino a auxiliarme, pues los judíos no hicieron nada para ayudarme. No fue muy grande la herida, pero me molestaba; más, sin embargo, seguí trabajando hasta cumplir los días. Luego me quedé sin trabajo otra vez. Mi cuñada me consiguió un trabajo de limpieza en restaurantes, nunca lo había hecho, pero lo que sí tenía en mente es que necesitaba trabajar. Comencé mis labores de limpieza, era de 12:00 h de la noche, hasta las 7:30 h de la mañana.

"LA TRANSFORMACIÓN DE TU SER…
y el despertar de tus dones" YAMIL MORALES MONTOYA

Pasado los 15 días estaba durmiendo, me desperté y se me vino a la mente, ya que llevo bastante tiempo en Nueva York y no conozco nada, voy a salir a conocer. Mire por Google Maps "Central Park", uno de los parques más importantes de la ciudad de Nueva York. Me vestí, salí, me bajé en la 47 de Broadway. Cuando me bajé del tren, subí a la calle y me pude dar cuenta de las maravillas de hoy. Estaba en Manhattan había puros rascacielos por donde miraba, quedé atónito con tanta belleza, nunca había visto tantas luces en los edificios que tienen carteles para los anuncios. Poco a poco iba caminando y la imagen de Central Park se me desvanecía, pues algo me llevaba hacia la 42 de Broadway. cuando llegué a la 42 pude ver la manzana, como hoy se conoce por el nombre de "Time Square" … quedé alucinando con tantos almacenes, letreros que iluminaba mis ojos; más adelante en "Toys r us", conocería mi nuevo trabajo… pues cuando llegué a la esquina, puede notar un personaje que era Spiderman, con papá pitufo, se estaban tomando una foto con un turista, me causó mucha curiosidad la foto, más cuando vi al turista dándole dinero. Pronto se me prendería la luz en mi mente, de saber que podía ganar dinero con eso. Espere a que sacaran otra foto para convencerme de que ¡sí ganaban dinero con eso! … la respuesta fue positiva, si ellos ganaban dinero por sacar fotos con los turistas, miré para todas partes y solamente vi estos dos personajes. Visualicé una oportunidad de generar economía, pues Nueva York es la capital del mundo, número 1 en turistas.

Llamé rápidamente a mi hermano, se lo comenté, le dije tengo el trabajo que me va a hacer ganar mucho dinero, lo único que no sé, es ¿de qué disfrazarme?, me dijo que se lo comentara, le comenté; él tampoco sabía que esos artistas callejeros ganaban dinero por tomarse una foto con ellos, pero le parecía buena idea. Me propuso que me disfrazará de "Capitán América". Le dije no me puedo disfrazar de "Capitán América" porque soy muy pequeño para el personaje, quiero algún villano que pelee por los ciudadanos, por sus derechos. Estuve mirando en Google y… ¡apareció! ... me inspiré en un villano, héroe, Lo único que tenía que comprarme, era unas botas altas, pero yo tengo los rasgos de ese personaje del que quería inspirarme. Bueno, más que todo porque soy Calvo. Así lo hicimos, él me prestaría el dinero para poder comprar el traje. Solamente había pasado un mes, cuando le debía a mi hermano 3500 dólares. Cuando ya tenía armado el traje, que no pasó más de una semana, era domingo, decidí salir al estrellato, pues me esperaría la plaza más importante de Nueva York.

"Si lo puedes soñar, Lo puedes hacer. Piensa, cree, sueña y atrévete."

Walt Disney

Me dejó en la 42 de Broadway, había muchos artistas callejeros. Y el 97% eran latinos, me sentía avergonzado, pues en mi mente creía que era mendigar y eso, que llevaba una máscara puesta. Nadie me reconocería y más estando en la capital del mundo. A la primera foto que un turista se tomó conmigo, me pagó un dólar. Ahora ya no cabía duda, de que cuando tienes una idea, debes desarrollarla y hacerla realidad, pues había visto el resultado de lo que, en algún momento, mi mente me dijo que "no lo lograría". Nunca le creas a la mente, lo que ella diga solamente, cree en tu intuición y haz lo mejor de ti. Después se me arrimó Batman, era cubano, dijo que mi traje estaba hermoso, pues él sabía cuánto costaba, porque el de él también era muy hermoso. Me ofreció que, si quería trabajar con él, le dije que sí, por supuesto, no sabía cómo se hacían las cosas ahí, pues él me diría todo lo que yo necesitaría saber. Le pregunté sobre la licencia, me dijo que nadie tenía licencia. Le pregunté que, cuántas horas trabajaba, me dijo que normalmente trabajaba 8 horas. Le pregunté que, si se podía cobrar, me dijo no, solamente puedes pedir donación o "tip". Le agradecí ese día, me llevé a casa 30 dólares, pues había trabajado solamente 2 horas, porque él trabajó conmigo 1 hora, después me dejó solo, porque veía que yo no sabía trabajar de momento, o sea, no tenía inglés y aparte, no sabía cómo atrapar a los turistas.

La mayoría de los personajes saludaban al turista y luego posaban para la foto. De momento yo no sabía eso, pero lo que sí sabía es que tenía que ser el mejor de "Time Square", pues siempre me había caracterizado por ver y aprender. Me fui muy contento para mi casa, pues ya tenía dos trabajos: el de limpieza y el de artista. Luego comencé a trabajar de 3 de la tarde a 20:00 h de la noche. Iba a la casa a cambiarme y luego al tren a las 23:00 h de la noche, para llegar a mi trabajo de limpieza a las 12:00 h de la noche, siempre salía de la limpieza a las 7:30 h de la mañana, llegando a mi casa a las 9:00 h. Descansaba solamente 6 horas, <u>todos los días</u>.

Pasado 3 meses, ya le había acabado de cancelar los 3500 dólares a mi hermano. En el lugar de limpieza me querían colocar más trabajo, pues no lo podía permitir porque el lugar que yo llevaba siempre hacía lo que en algún principio ellos me dijeron que debía de hacer, todos los días. pero como terminaba más temprano, entonces veían que me podían colocar más, me dijeron que tenía que hacer otro espacio y yo rotundamente le dije que ¡no!, que si me ponía eso otro yo no trabajaría más, pues ellos me dijeron si no lo hacía, hasta ese día tenía trabajo. les dije de acuerdo… hasta hoy trabajo. No me daba miedo, porque ya tenía otro trabajo, que era el de artista callejero y ese me hacía ganar mucho más dinero, que donde yo trabajaba 8 horas, pues ya estaba generando entre 50 a 60 dólares las 4:00 h que trabajaba; eso que solamente me daban donación, todavía no sabía lo que realmente hacían los artistas callejeros con los turistas, siempre me habían enseñado la honradez y lastimosamente en la plaza de Time Square, había mucho estafador. Comencé a observarlos cómo trabajaban y muy pronto me vi sumergido con ellos, pues había aprendido las "mañas" de lo que ellos hacían. Ahora es momento de qué le diga al mundo entero la verdad oculta de los artistas callejeros de Time Square, pues yo lo viví en carne propia.

Los artistas callejeros cuando cogían a un turista cuando el turista ya terminaba de tomar la foto, ellos mostraban en su mano un billete de 20 dólares, para que el turista creyera que eso era lo que cobraba, nunca le decían al turista antes de la foto, que trabajan por donación; el objetivo siempre era los chinos y los japoneses, siempre trataban de coger a los más sumisos. Mientras yo seguía aprendiendo como ellos cogían a los turistas, no tardé mucho en aprender, de nuevo te repito, a coger las "mañas" que ellos tenían. Comencé a trabajar desde las 10:00 h de la mañana hasta las 20:00 h de la noche, no lo podía creer lo que llevaba para mi casa, pues de momento solo pedía donación y lo que me daban las otras personas cuando me metía en la foto de ellos, que ellos cogían. Si cogías un turista y eran cuatro. Se repartía el dinero en partes iguales, normalmente mostraban siempre un billete de 20, ya no era honesto. Pues cuando trabajaba con ellos, la mayoría siempre lo hacían, cuando yo trabajaba solo, solamente cobraba donación; podía llevarme alrededor de 150 dólares diarios, eso era mucho dinero para mí, pues ganaba más que un policía en la ciudad de Nueva York.

Ya que comenzaba a ganar dinero, me dispuse a disfrutar de la ciudad de Nueva York, iba a lo mejores restaurantes con mi hermano. Pues en mi mente creía que me lo merecía. Fueron pasando los años y un día formaría mi equipo, pues había otro Batman que quería trabajar conmigo y él estaba solo. Le propuse que trabajáramos juntos y el acepto. Solamente trabajamos los dos y a veces "Iron Man" se unía con nosotros, no quería trabajar con más gente. Tenía un primo que estaba en España él me llamó, me dijo que quería ir para Estados Unidos, que como era le expliqué todo, le dije si quieres vente que acá te ayudo y te doy trabajo, vas a trabajar conmigo, yo te entreno y vas a ganar más dinero de lo que ganas actualmente en España. No se lo podía creer, pero confío en mí y decidió volar. Lo recibí, eso fue un viernes, teníamos que trabajar el sábado, nos dormimos muy tarde, solamente pudimos descansar 3 horas y a las 11:00 h de la mañana nos dirigimos al trabajo, ya le tenía preparado el traje, el sí se disfrazaría de "Capitán América", a él sí le quedaba bien, pues había comprado ese traje a un artista callejero a buen precio, yo le rentaría el traje por 15 dólares el día y lo demás quedaría para él. Cuando terminamos el día no se lo podía creer pues había ganado 120 dólares en 6 horas. Ya me había convertido como 1 de los mejores artistas callejeros de Time Square.

Había mucha gente que nos envidiaba, pero yo no les hacía caso, pues solamente mi único objetivo era trabajar y disfrutar, mi primo también aprendió a trabajar muy rápido, pues yo le enseñe todos los trucos. Pero lo que había visto en él, es que había cambiado de cómo llegó, a lo que era ahora, se había convertido en una persona con mucho ego, eso a mí no me gustaba, pues siempre me he caracterizado por ser una persona humilde y noble. Fueron pasando los meses hasta que llegó la noticia de que la ciudad de Nueva York nos iba a privar de nuestra libertad, o sea la primera enmienda de los derechos estadounidenses, pues querían colocarnos en un cuadro para que no nos moviéramos con libertad.

Estaba preocupado, así que hablé con mi hermano, le comenté lo que estaba pasando, me dijo que él tenía una amiga que trabaja por los derechos del migrante, una organización sin ánimo de lucro me puso en contacto con ella, hablamos junto con mi amigo "Batman". Le argumenté lo que estaba pasando, me dijo que no tenía noticias de eso, pero que me ayudaría en todo lo que ella pudiera. De momento, lo que necesitaba, es que le trajera 30 artistas para poder comenzar la ayuda que ella nos brindaría. Le dije que haría todo lo posible por traer esas personas pues no sería fácil convencerlos. Le dije a mi amigo que me ayudara a organizar por grupos, a las personas en la plaza de Time Square, pues todo ellos trabajan en la plaza. Reuní cerca de 40 personas para ese día en la organización en la que ella trabajaba. Ella los escucho a todos, también les dijo por lo que ellos podrían pelear. Pues los privarían de su libertad, porque en Estados Unidos manda la primera enmienda que es "la libre expresión". Comenzamos a trabajar en ello, pues quedaba poco tiempo para que colocaran la regularización. En menos de un mes, ya éramos casi 200 artistas que trabajaban en diferente horario en la plaza de Time Square. Pues había muchos artistas que la policía los había cogido presos. Querían colocar a los muñecos como delincuentes y no como una atracción turística que empezó hace más de 30 años, a los que, los grandes empresarios de esa plaza, incluido los concejales y el alcalde querían sacar. Pues lo que no sabían ellos, es que los artistas daban el colorido a esas calles pues las familias neoyorquinas y de toda parte del mundo venían a disfrutar a esa plaza con sus niños, pues sabía que era un lugar mágico.

Todos los arrestos que hacían no eran porque eran delincuentes, sino porque nos querían mostrar ante el mundo como personas de mala vida. La mayoría tenían niños y familias. Lo que ellos llamaban acoso, realmente era acercarse a la persona estrecharle la mano y decirle si deseaba una foto. Muchos decían sí, otros no. Muchos se iban sin dejar propina, pues debían de ser conscientes, que si uno está aguantando en verano 35 grados y en invierno -10 grados en los trajes, para que te lleves una hermosa foto a tu país o a casa, lo más normal es que des propina. Porque si pagas un vuelo tan caro para venir de tu país a New york y también pagas hotel, más lo que te vas a gastar en comida, atracciones, otras cosas de lujo como ropa y en fin cantidad de cosas que compras en el día; no vas a ser capaz de dar una propina a la persona que está detrás de ese traje que todo el mundo ama…

"LA TRANSFORMACIÓN DE TU SER...
y el despertar de tus dones" YAMIL MORALES MONTOYA

Nueva York
Nueva York apunta a Times Square Elmos y Cookie Monsters

Los expertos legales dicen que el intento de la ciudad de tomar medidas drásticas contra el acoso a los turistas podría violar los derechos de libertad de expresión de los artistas.

... Muñecos, héroes y villanos... hay todos los personajes en Time Square. Por eso la mayoría de los personajes van a ese maravilloso lugar, pues encuentras lo que más te gusta a ti y te identificas con ello. Debes de saber que ese artista, necesita pagar las cosas que cada persona paga en esta vida, como, por ejemplo: El apartamento, la comida, el viaje, porque la mayoría no vive en Manhattan y eso no se paga solo, mucho menos el gobierno te mantiene. También agrégale los insultos, golpes de las personas, quienes muchos de ellos se creen superiores a los artistas. Pero a los concejales no les interesaba esto, ni velar por la seguridad de los artistas, antes los acosaban y los metían a la cárcel a cada momento. La mayoría que trabajaban ahí, lo hacían desde hace 30 años, sabían lo que era, que, a todo momento, los metieran a la cárcel, pues en esos años cuando ellos empezaron, se tenían que esconder para poder trabajar en la plaza Time Square.

Esto tenía que parar. Dios siempre tiene el momento para actuar, por eso estamos ejerciendo nuestro derecho de expresarnos y que nos respetaran como artistas callejeros. Pues como éramos más de 200 personas, nuestra voz se escuchó después de tanto tiempo de estar en las calles del Time Square. Después de estar 30 años, sacando sonrisas a las personas de toda parte del mundo, inventamos un logo y un mensaje que decía "Artist united for a smile", que en español es "Artistas unidos por una sonrisa".

Lo noticieros no se hicieron esperar. Pues estábamos comenzando a ser vistos, no como delincuentes sino como personas que también tienen una vida y familia, porque la mayoría de los artistas que viven en esa hermosa ciudad, cada uno tiene su talento y habilidad, pues la mayoría eran estudiados, otros desempeñaban diferentes cargos, había: cerrajeros, comerciantes, zapateros, artesanos, constructores, abogados, plomeros, pasteleros, costureras, amas de casa, DJ, etc. Todos de origen latino, con muchas ganas de sacar a su familia adelante, pues la mayoría de ellos enviaban dinero a sus países, para que sus familias pudieran beneficiarse de ello. Hubo muchos de ellos que tuvieron que pasar por el desierto de México, con personas que se le conoce como "coyotes". Una de ellas fue abusada sexualmente por ellos. Así como sabrás, no todo lo que ponen en los noticieros es verdad, pues realmente siempre están a beneficio de las multinacionales. Pero no nos podían callar, ya había ruido en Nueva York, se nos escucharía por primera vez... en 30 años. Todos estábamos colaborando para que se diera el beneficio. Lo primero que publicaron fue una foto mía que decía ¡de muñeco a líder!

El diario de New York

30 de agosto del 2014

Los noticieros comenzaron a publicar las noticias de lo que pasaba. estábamos listos para pelear por nuestros derechos me había convertido en líder sin buscarlo, lo que no sabía es que Dios me estaba preparando para las pruebas, pues ya había dado unas entrevistas, tanto físicamente, como por teléfono. Había pasado solamente 1 año y ya me encontraba en las portadas de algunos periódicos de la ciudad de Nueva York, incluso el New York Times. Un día donde yo solía comer. Un artista vestido de Elmo me dijo ¿quién te crees tú? ¿te crees más que las otras personas que llevan más de 20 años aquí? Le dije no, yo solamente he venido aquí a Nueva York con un propósito, lo que no me parece justo, peleó por ello, por eso estoy peleando, no solamente por todos, sino también por mis derechos, así tú no vayas, no te preocupes, de todas formas seguiré peleando, o si quieres te puedes colocar de líder, pero te lo aclaro, vas a necesitar tiempo y no vas a ganar dinero por ello, porque de momento a mí no me pagan nada por esto, estoy dando mi tiempo, mi energía e incluso dejar de ganar dinero para beneficiarte tanto a ti, como a tu familia. Pero no necesito que me lo agradezcas, ya hay alguien que en algún momento me dará mi recompensa, ya sabes de quién te estoy hablando cierto… de Dios… y finalicé la conversación con esa persona.

Lastimosamente, la mayoría de los latinos son muy envidiosos, quieren obtener lo que el otro tiene, pero sin esfuerzo, lastimosamente, en esta vida siempre hay que trabajar para ganarlo. Llegaría el gran momento en que nos manifestaríamos en pleno centro de Time Square, en la 40 de Broadway donde comienza la plaza. Al frente queda HMS. Todos estaríamos en ese lugar. Lo que no sabíamos es que habría tantas cámaras ese día.

Nos tomarían más en serio, pues ellos nos mostraron al mundo, lo cual nos beneficiaría mucho y gracias a la "ONG La Fuente" y a la directora Lucia (era como se llamaba la organización porque pasado dos años desaparecería), fue como le pudimos ganar al consejo de New York, gracias a la "Organización La Fuente" y las persona que colaboraron con dinero y tiempo, en especial a mi hermano Fabio, que logro ponerme en contacto con Lucia. Una gratitud enorme hacia ella.

Al siguiente año, no tardarían en volver a armarla, pero ahora sería un concejal llamado Kin... Fue una persona muy lista, se hizo amigo de todos los artistas para así poder captar con cámaras, que los artistas aceptarían la regularización que él proponía. También había uno que era el "Batman cubano" él le ayudaría a que todo se hiciera; yo no estaba de acuerdo con eso, pues sabía que uno no debe confiar en los concejales, ni en cualquier individuo de la política; así fue, como volvimos a salir otra vez en los periódicos, pero esta vez ellos iban con más fuerza, pues los muñecos no estaban atentos a lo que se vendría.

The New York Times
New York

Times Square's Costumed Characters Resist Push to Rein Them In

Comenzó a regalarles dinero, cuando iba a la plaza de Time Square. Él quería hablar conmigo por medio de Batman, pero yo sabía sus intenciones, nunca quise hablar con él. Inmediatamente recurrí a la "Organización La Fuente", otra vez... y nos pusimos manos a la hora.

La mayoría de los muñecos no me apoyaron, pues yo solamente con mi primo nos pondríamos con carteles en Time Square, había hecho unos carteles para manifestarnos en la plaza. Muchos se reían de lo que nosotros estábamos haciendo, pero yo sí sabía lo que estaba a punto de suceder. Querían privarnos de nuestra libertad, entonces les argumenté a todos lo que estaba a punto de pasar. No me querían prestar atención, porque estaban sumergidos en la avaricia del dinero, puesto que cada minuto que dejaban de trabajar les suponía dinero. Así que, me las arreglé solo, pero sabía que esta sí la íbamos a perder; ya no me importaba, pues en mi intuición ya sabía que tenía que regresar a Europa.

No le encontraba sentido estar en Nueva York, encerrado sin poder salir a ningún país, ya que no tenía papeles de residencia… era un inmigrante más. No pasó ni siquiera 3 meses, para que la alcaldía nos citará, así saber que iba a suceder con nosotros. Mi hermano me ayudó, la organización donde él trabajaba nos prestó una rata hinchable, pues esa rata tenía una altura de casi 3 metros, se podía visualizar desde lejos y la pusimos en todo el frente de la alcaldía de Nueva York, dándole el mensaje a ellos subliminalmente. Ya te puedes imaginar que representa una rata, todos los muñecos se hicieron partícipe ese día, pero ya era tarde, ya ellos tenían el terreno ganado, pues ninguno de los que trabajaban en Time Square se habían manifestado a lo largo de los 3 meses.

Ese día logramos entrar más de 40 personas, todos artistas, incluido yo, que llevaba preparada una carta en contra de la alcaldía de Nueva York, pues me estaban privando de mis derechos y de los derechos de todos.

La policía dice que hubo 16 arrestos, acusándolos por todo: desde solicitación agresiva, tocamientos forzados, hasta asalto y hurto mayor. Ellos nos trataban como si fuéramos delincuentes, llevando armas y cuchillos, nos estaban acosando… a los niños les encantaba tomarse una foto con su personaje favorito; además, éramos un icono para la ciudad de New York, pues desde niños, jóvenes, adultos y de la tercera edad venían a tomarse una foto con nosotros, la mayoría de las personas eran muy trabajadores y cabezas de familia.

The new york post

"Aunque tu oponente se vea más grande que tú, nunca dudes de lo que tú puedes hacer.

Autor: Yamil Morales Montoya

En la alcaldía de New York, peleando por los derechos de la expresión.

Lastimosamente perdimos porque muchos se durmieron contra un león que estaba hambriento de comer. La alcaldía puso la regularización y comenzaría a los dos meses. Así fue como el Consejo de Nueva York, aprobó la nueva ley, ya los artistas callejeros no se podían desplazar por ninguna parte de Time Square.

Lo limitarían, porque pondrían varios cuadros de color verde, allí deberían trabajar todos, incluidos los malabaristas los que venden tiques y las mujeres pintadas, ya en otro libro hablaré de las mujeres pintadas y de todo lo que ocurre en esa hermosa plaza.

> **"Trump sacó corriendo a los muñecos de Times Square"**
>
> Afirman que el temor que ha generado el nuevo gobierno entre trabajadores y turistas ha tenido un impacto negativo, al igual que la ley que impuso zonas limitadas para trabajar

Muñecos en Times Square sienten el impacto de los bajos ingresos. Crédito: Mariela Lombard | El Diario NY

Un día caminando por la plaza de Time Square con mi familia: mi hermano con su esposa y yo con la mía, se me acercó un fotógrafo y me dijo que si me podía tomar una foto, él andaba con su hija y le dijo a ella que yo era el líder que había ayudado a los personajes en la regularización, me dijo que sentía admiración por mí, que por eso quería la foto, para poder hacer un guion con mi foto; le dije que por su puesto, que me alegraba de poder inspirar a personas como él ... le di las gracias, tomó las fotos y se marchó.

Ya en mi mente se había activado otra vez mi intuición, debía volver a Europa, mi destino en el momento era Madrid, porque en Madrid también hay artistas callejeros; le comenté a mi hermano que me iba a ir, se quedó sorprendido, me dijo no hagas esa locura, sabes que Nueva York es la capital del mundo, aquí te está yendo bien, no tienes que ir a buscar nad1a a Europa, pues tú sabes lo que ganan ahí.

Le dije ¡sí! tienes toda la razón, pero se te olvida lo que yo he aprendido aquí, si aquí da resultado, en Europa mi hermano, créeme que también. Además, aquí no me siento a gusto, el clima y el estilo de vida es totalmente diferente a Europa, ya lo he pensado mucho y he decidido irme; me dijo ok hermano, lo único que te deseo son éxitos. Se lo comenté a mi primo, pues trabajaba con él, le propuse que se fuera conmigo, pero que él era el que tomaba la decisión, que si en algún momento no nos iba como pensábamos no me echaría la culpa de ello.

En Europa también obtendríamos dinero trabajando de artistas callejeros. Me preguntó sobre qué plaza tenía vista, le dije que por el momento Madrid… me dijo ¡listo yo me voy con usted! En el tiempo cuando llegó mi primo, yo no consumía ningún tipo de sustancia, lo que sí hacía, es que tomaba con mi hermano. Cuando salíamos a restaurantes o alguna discoteca. También debo decirte que en el transcurso de ese tiempo, pasado un año, encontraría a mi nueva esposa. Pues ese día que salí con mi hermano, visitamos un restaurante y luego pasaríamos a una discoteca latina, nos sentamos al fondo del lugar, pues al lado, pasado 30 minutos, se sentaría la mujer que cambiaría mi historia. Ella fue con 3 amigos, más una mujer y dos amigos. Uno de ellos la estaba conquistando. Pero así me atreví a sacarla a bailar pues me gustaba, ese día no tenía pensado conquistar alguna mujer, pero el destino haría que nos conociéramos.

Bailamos la primera pieza, me gustaba cómo olía su cuerpo y todo lo que en ella había. Cuando terminamos, le dije que, si podía seguir bailando con ella, me dijo que sí. Hice que le llevaran media botella de aguardiente a la mesa, yo busqué un pedazo de papel y un lapicero, le escribí mi número de teléfono, le pregunté por su número de teléfono, me dijo que no tenía teléfono, entonces yo le di el mío en ese papelito, le dije: llámame al otro día para invitarte a Manhattan y para que pudiera conocer más de ella, me dijo que lo haría y así me despedí. Creí que al otro día me llamaría, pero no, no fue así, me olvidé de ella; pero en el transcurso de la semana, el día jueves, estaba en el baño y recibí una llamada, la contesté, pregunté quién era, me dijo Marta, le pregunté cuál

"LA TRANSFORMACIÓN DE TU SER...
y el despertar de tus dones"   YAMIL MORALES MONTOYA

Marta, me dijo la que conociste en la discoteca latina; entonces se me vino la imagen de ella, comenzamos a hablar, le pregunté que cómo encontró mi número, me dijo que no lo había botado, lo guardó dentro del bolso, no lo encontraba, pero buscó y buscó hasta que lo halló. La invité a salir, en la primera salida me dejó plantado, dijo que había llegado cansada, seguí persistiendo hasta que me salió, ese día la invité al mismo restaurante donde me dejó plantado, después la llevé a un concierto de Maelo Ruiz (cantante latino).

De ahí comenzamos nuestra relación, hubo momentos buenos, como momentos desagradables, pero de eso trata la vida. Cuando ya tenía armado mi viaje, había pasado 2 años y medio con ella. Nos habíamos casado en Nueva York. Hablé con mi esposa y le dije yo aquí no me voy a quedar, necesito volver a Europa, algo dice dentro de mí que tengo que volver, le dije si me quería seguir, lo único que le prometía, es que allá iba a poder tener sus papeles, al principio no sería fácil, pero que con la ayuda de Dios y el esfuerzo mío lo conseguiría. Le dije, voy para Colombia, te espero hasta un mes, si al mes no viajas conmigo, doy por sentado que no quieres seguir la relación, créeme que no te juzgaré pues cada uno debe caminar hacia sus sueños. Me dijo bueno, yo te aviso, de momento me voy a quedar más tiempo aquí… le dije bueno.

Faltando un mes la policía tenía muchas ganas de cogerme y meterme a la cárcel, sabían que tenían que cogerme para poder intimidar a los otros artistas, pues yo me había convertido en líder de ellos. Nunca me creí más agrandado que los demás pues, aunque había salido en todos los periódicos, había hecho muchas entrevistas, seguía siendo la misma persona, no dejaba que mi ego se engrandeciera por algo ilusorio. Fue entonces cuando un sábado, nos cogieron a mi primo y a mí, supuestamente, porque le habíamos cobrado a un turista… te lo digo desde lo más profundo de mi corazón ¡nunca le cobré a un turista! ¡ni tampoco los acosé! lo que sí te digo, es que hacía como muchos, mostraba el billete de 20 para darles a entender así, que la foto costaba 20 dólares. Cuando me preguntaban cuánto costaba la foto, les decía: lo que ustedes deseen dar 5, 10, 20 y les enseñaba el billete de 20. Otros, cuando solamente les mostraba, no preguntaba directamente sacaban un billete de 20 y me lo daban. Hubo muchas personas que ni siquiera les mostraba el billete, simplemente ellos daban 5, 10, 20, hasta 100 dólares me llegaron a dar de propina, pero como te dije nunca los acosé, nunca los intimidé para que me dieran la propina que yo quería. De todas formas, había algo dentro de mí que decía que lo estaba haciendo mal, era mi conciencia, pero más adelante lo entendería.

Cuando me encerraron, duré desde el sábado hasta el lunes por la mañana. No me intimida la cárcel, pues sabía que no había cometido ningún crimen, solamente, que era la última vez que pisaría una cárcel. Estas personas abusaban de los latinos porque no tenían papeles, al igual que yo, por eso tenía que emigrar a Europa, porque me costó 11 años tener mi nacionalidad española. Sabía que dejaba un país hermoso como es Estados Unidos, al igual que mi hermano, pero él tenía sus sueños, yo los míos. Siempre me he dejado llevar lo que dicta mi corazón, recuerda que cuando sigues la voz de tu corazón, lo que estés ganando de momento, si haces un salto hacia otra vida, el universo te lo recompensará mucho más. Pues de momento me ganaba 1500 dólares semanales trabajando de 10 a 18:00 h de la tarde, descansaba lunes y martes. El dinero sé que es una energía maravillosa, pues cuando la aprendes a utilizar para el bien, el universo siempre te abastecerá con más, más y más dinero. Cuando estábamos bebiendo con mi primo, no te puedo decir cuándo paso, volví a caer en las drogas. Tomando, bebiendo y fumando, lo hacía cada 8 días, estaba cansado, muy cansado de meter algo que no quería, pero que mi mente deseaba.

- ✓ Sólo ayuda a quien te lo pide
- ✓ Nunca te metas en el sufrimiento ajeno.
- ✓ El hombre debe cansarse de sí mismo, beber hasta el fondo la copa de veneno que le corresponde, no seas presuntuoso, no esperes poder ayudar a todos, sólo es posible ayudar aquellos que están preparados

para aceptar la ayuda, una persona que sufre da al mundo a través de su dolor, por lo que exhorta y ciega.

- ✓ Cada uno se arrastra tras su experiencia de vida sin ver que se trata de un peso muerto.
- ✓ Sí intervienes en el sufrimiento ajeno, el vórtice kármico te succionará en un juego ajeno.
- ✓ Recuerda que el hombre es capaz de contagiar, con sufrimiento.
- ✓ Procede por tu camino sin mirar.
- ✓ Sólo si estás haciendo tu propio camino podrás ayudar a la gente a levantarse.

"Satyananda saraswati"

"LA TRANSFORMACIÓN DE TU SER… y el despertar de tus dones"

YAMIL MORALES MONTOYA

"Nuestro miedo más profundo no es ser inadecuados, nuestro miedo mayor, es nuestro poder inconmensurable, es nuestra luz, no nuestra oscuridad; lo que nos aterra es optar por la mezquindad, no sirve al mundo, no hay lucidez en encogerse para que los demás no se sientan inseguros junto a ti, nuestro destino es brillar como los niños, no es el de unos cuantos es el de todos y conforme dejamos que nuestra propia luz alumbre, inconscientemente permitimos lo mismo a los demás y al liberarnos de nuestro propio miedo nuestra presencia automáticamente libera a otros."

Juego de honor

"Ninguna persona se transforma sin que allá pasado por su infierno."

Yamil Morales Montoya

"LA TRANSFORMACIÓN DE TU SER... y el despertar de tus dones"

YAMIL MORALES MONTOYA

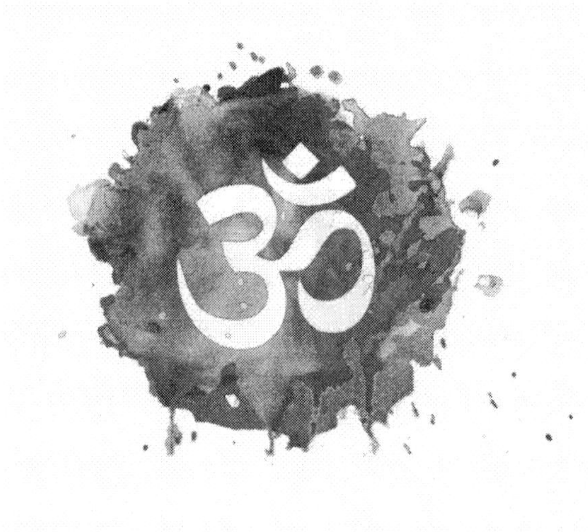

"LA TRANSFORMACIÓN DE TU SER... y el *despertar de tus dones"*

YAMIL MORALES MONTOYA

"LA TRANSFORMACIÓN DE TU SER... y el despertar de tus dones"

YAMIL MORALES MONTOYA

Capítulo 10

La transformación

Como viste en el capítulo anterior me convertí en líder de más de 200 personas, incluidas latinas y estadounidenses, pues había artistas de ese país. Las personas que están leyendo este libro, les dije en un comienzo que quienes tuvieran problemas de habla, o sea, fueran gagas o tartamudas, haciendo las recomendaciones del contenido de este libro podrían mejorar su habla en un 97%. Pues como lo han podido notar solamente tú tienes el poder de limitarte, cuando tienes miedo, el miedo pasa a controlarte, ahí ya no eres consciente de ti mismo. Yo tuve que pasar todas esas pruebas, pues eran, pruebas y aprendizaje. Recuerda que me había convertido en un lector. No había parado de leer ni de escuchar audiolibros, cuando iba a nadar; cuando estaba en Nueva York, me iba escuchando libros o leyendo. Siempre viajaba en bus o en tren, pues ese lugar donde iba, quedaba a 30 minutos de mi hogar; ya sabía la importancia de tener mi cuerpo en constante movimiento.

Cuando estaba joven no le prestaba atención al cuerpo, pues nunca hacía ejercicio, hasta el día que me separé de mi tercera mujer, ahí conocí el valor de lo que era yo; ella me hizo entender que lo más importante de esta vida, o sea, de mi vida ¡era yo!, mi tiempo y mi salud, lo que se le conoce como **"amor propio"** … ¡aprendí a amarme primero!

Siempre colocaba a las demás personas delante de mí, siempre ayudaba a todo el que podía, como lo habrás notado, no se puede ayudar a la persona que no está lista para pedir ayuda, porque si lo haces, esos karmas se succionarán a ti. Recuerda que tú no eres Dios, por eso el universo pone muchas pruebas a todas las personas, de acuerdo al tipo de conciencia que tengan actualmente. Con mi tercera mujer comprendí, porque se repetía el mismo patrón, pues me tenía que comenzar a valorar, apreciarme más y por encima de todo, **¡ponerme yo siempre delante!** Esto también tienes que hacer ¡tú!, si estás en una relación tóxica, tienes que alejarte de esa persona. Para cada persona hay diferentes pruebas, a la medida que avanzas siempre se repiten las pruebas, para ver si tú ya has aprendido la lección; recuerda que cada prueba que pases desarrollará una virtud y en la medida de que avances en tu aprendizaje, se irán desarrollando en ti ¡tus dones!

Yo ya había vencido el miedo escénico, que era estar delante de una Cámara, nunca creí que, teniendo esa dificultad de habla, lo podía hacer, mucho menos ser capaz de que, más de 200 personas, me escucharán. Por eso te digo, deja que tus miedos te atraviesen, solo es momentáneo, no pasará más de 2 ó 3 segundos, en que vuelves a ser consciente de ti y el miedo desaparece; muchos de los artistas que cantan o hacen algún seminario, delante de miles de personas, pasan ese mismo problema, también tienen miedo escénico, eso no quiere decir, que no puedan hacer lo que deben de hacer. Si estás atravesando por un momento de miedo escénico, te recomiendo que utilices las "terapias holísticas" que hay en el momento, en especial "la hipnosis", es una gran terapia para vencer cualquier tipo de obstáculo que está alojado en el inconsciente.

Volé primero para mi país Colombia, ahí me quedé un mes, disfrutando de mi familia, luego marché para Madrid. Me recibiría el hermano de mi primo, mi idea era vivir en "Galapagar" que es como se llama el pueblo donde residí por 3 meses. Escogí Madrid porque te comentaba, que también había artistas callejeros, iba a la fija, sabía que al otro día podía ir a trabajar y más sabiendo que era ciudadano español. No tenía nada que perder… bueno eso era lo que pensaba. Cuando llegué, lo primero que hice fue conseguir un apartamento, pues lo necesitaba, porque era uno de los requisitos que pedían, cuando se inscribe el matrimonio en España, porque mi esposa decidió seguirme hacia donde iba… ¡sí! me llamó al mes siguiente, me solicitó que le cogiera un vuelo, que quería permanecer conmigo… me alegré mucho, inmediatamente hice el proceso, le reservé tiquete, pero esta vez nos veríamos en París. Era uno de los lugares preferidos para mí, más que todo porque me quería vivir la luna de miel con ella, pues cuando nos casamos no fuimos de Luna de miel a ninguna parte, este era el momento para hacerlo. Reservé varios hoteles, 3 días en París y 2 días en Lyon una ciudad de Francia, seguiríamos en bus hasta el apartamento que ya había rentado. El arrendador me pidió 5 meses de fianza, pues cometí el error de decir que venía de Nueva York, se aprovecharon de mí porque me vieron necesitado, a lo cual accedí.

Pagué el apartamento, me dieron el contrato, en lo que no me fijé, era como habían dejado el apartamento, no saqué capturas de pantalla pues confiaba en la señora. Lastimosamente no fue así, después de permanecer todos los días en París disfrutando de mi esposa y de esa hermosa ciudad, llegamos al apartamento. A ella le gustó el apartamento, también había comprado un vehículo, el cual me había costado la mitad del dinero que yo llevaba, de lo que me había ganado en Nueva York. Me estaba quedando sin dinero, me quedaba poco, mi esposa no podía conseguir trabajo, estaba estresada pues ella tenía responsabilidades con sus hijos.

Lo que se me ocurrió fue llamar a mi hermana de Tenerife y pedirle ayuda, decirle que, si podía recibir a mi esposa, para que ella trabajara en cualquier salón de belleza, pues ella era estilista. Me dijo que claro, que con mucho gusto la recibía. Hablé con ella, le dije mi amor tienes que ir para Tenerife porque aquí las cosas no nos están saliendo como esperábamos. Logramos inscribir nuestro matrimonio para que ella tuviera sus papeles, ya quedaba esperar a que nos entregarán el libro de familia. Ella viajó para Tenerife yo me quedé un mes más, pues tenía que entregar el apartamento y esperar a que me devolvieran la fianza. Cuando les entregué el apartamento me dijeron que me depositaban el dinero en mi cuenta, pasado el mes solamente me dieron de fianza una parte, la otra no me la querían dar, pues había entregado el apartamento en un mal estado, lo cual era mentira, la señora se quería quedar con mi dinero, pues le había dejado el apartamento tal cual como ella me lo había entregado. Solamente había permanecido 3 meses, mi esposa viajó y yo no permanecía en ese apartamento, pues trabajaba de 10 de la mañana a 18:00 h de la tarde en la plaza de Madrid, 5 días a la semana, como iba a entregar un apartamento destruido en tan poco tiempo; lo que sí sabía es que la señora se quedaría con el dinero, quise demandarla, lo hice, pero ella ganó, ella tenía pruebas yo no.

Se lo dejé todo a Dios, pues todo tenía que ser de acuerdo con el plan divino. Cuando tú consigues algún dinero que no es trabajado honradamente, el dinero se deshace en las manos, se va como agua, se esfuma; así fue, como se iba esfumando el dinero que me costó tanto ganarlo. Debes de recordar que para poder ir creciendo tienes que ganar las virtudes, que al principio del libro te escribí, te lo digo porque yo ya pasé todo ese proceso, no quiero que tú pases más sufrimiento, no es necesario, no permites que tu mente te gobierne, mucho menos que tu ego te dirija, pues son dos cosas totalmente ilusorias, no las puedes ver ni sentir, pero están allí. El ego no lo puedes sacar, pues es una parte de tu identidad y la mente es la que te ayuda a lograr todos tus objetivos, no dejes que tu mente te destruya, ella solamente está para servirte y protegerte en todo momento cuando haces buen uso de ella y cuando haces mal uso de ella, pues lo único que vas a tener son problemas y desgracias.

Ya había regresado mi primo, estaba trabajando conmigo, pero mi primo sabía como yo, que ahí no ganaríamos dinero como solíamos ganar en Nueva York. Le dije porque no vamos para París, había visto también artistas trabajando, yo reservo los tiquetes y nos vamos, me dijo bueno y nos fuimos. Estuvimos 3 días, en esos 3 días hicimos buen dinero, pero

"LA TRANSFORMACIÓN DE TU SER...
y el despertar de tus dones"   YAMIL MORALES MONTOYA

no me gustaba porque es un país muy frío, la gente es muy altiva, muy prepotente y sobre todo son muy fríos... sabía que ahí tampoco era. Regresamos al pueblo, en el vuelo le dije podemos ir a Alemania, también hay artistas ahí trabajando. Y nos fuimos para Alemania, Berlín, estuvimos 4 días, también no fue bien, pero sabía que ahí tampoco era. En el transcurso del vuelo le propuse ir a Londres, siempre la había visto en las pantallas del televisor, la ciudad me parecía algo inalcanzable en esos momentos cuando estaba en Colombia, pero ya no era inalcanzable pues ya me sabía mover por cualquier país (aunque no se me da muy bien el inglés), no quiere decir que alguna palabrita diga, pero eso no me ha privado de ir a cualquier país, pues en este momento todos tenemos acceso a un teléfono inteligente y gracias a ese teléfono, podemos colocar el traductor y comunicarnos con cualquier clase de persona de diferente país, sin importar el idioma... el idioma está al alcance de todos y cuando tú quieres algo no puede crearte barreras, simplemente busca soluciones.

Te voy a contar una historia que trata de observar y perseverar:

"Había cierta persona que había comprado un equipo de herramienta para buscar oro, pues en el lugar donde estaba buscando sabía que había oro, las herramientas le costaron mucho dinero, él era Herrero. Comenzó a buscar el oro donde supuestamente sabía que había. Pasado más o menos un año y medio, no había encontrado absolutamente nada. Decidió dejarlo, pues debía mucho dinero, la deuda no se hacía esperar, se llevó toda su maquinaria para el garaje. De pronto un día entro un señor y le dijo que en cuanto le vendía la maquinaria, le dijo que para qué la necesitaba, le respondió si me muestras el lugar donde estabas buscando oro yo te compro la maquinaria. Él le dijo, ahí no vas a encontrar nada, yo duré buscando mucho tiempo el oro y no hallé nada. Él dijo, no te preocupes, solamente muéstrame, dime cuánto cuesta y yo te la compro. Él se la vendió a mitad de precio de lo que había costado. Pues como habían pactado, que le mostraría el lugar donde él estaba buscando oro, le mostró el lugar y lo dejó ahí con la maquinaria. No pasaría siquiera una semana, en que el señor encontraría una mina de oro, todo el pueblo se enteró y el señor que le había vendido la maquinaria aprendería de su error."

Siempre recuerda, tienes que perseverar, nunca darte por vencido, si una puerta se cierra, no quiere decir que las otras no estén disponibles para ti. Cuando una puerta se cierra otra se abre, pero tienes que tocarla. Espero que hayas aprendido de esta historia, porque como estas hay miles que contar. Los grandes como Einstein, Nicola Tesla (el que inventó el bombillo), Thomas Édison (el creador de la máquina voladora), Orville Wright, Walt Disney y la autora de Harry Potter; han sido personas que han perseverado por su sueño… el arquitecto Stan lee (creador de universo de Marvel).

Todos ellos han tenido que pasar por una derrota, pero no quiere decir que se hayan quedado allí, pues han aprendido de sus errores, han sacado lo mejor para mostrarlo al mundo, ¡eso también te puede pasar a ti! No permitas que el miedo te paralice cuando vayas por un sueño. Cuando dejes de impresionar a la gente, te darás cuenta de cuánto peso te estás quitando. Lo primero que aprendí en Nueva York, fue no avergonzarme por cualquier trabajo que desempeñara. La única vergüenza que debes de tener, es ser un delincuente o alguien que hace mal a alguna persona. Pero si eres una persona trabajadora, sea cualquier trabajo que estés desempeñando, es porque de momento ese es tu papel; tú puedes jugar cualquier papel en esta vida, pero recuerda que cada uno tiene su propósito. Cuando te sientas en algún tipo de trabajo que no lo disfrutas, entonces ese no es tu propósito… ¡márchate de ahí rápidamente y avanza! porque el trabajo tiene que ser <u>una diversión no una obligación.</u> fuimos a Londres, nos quedamos 7 días, pudimos trabajar 4 días, por qué faltando 3 días donde estábamos trabajando un policía se nos acercó y nos dijo que no podíamos estar allí y menos pidiendo donación para la foto. Nos llevó a unos baños cerca del Big beng, es el reloj más famoso de Londres pues la estructura del reloj esta echa de oro, y ahí nos obligó a tirar todas las pinturas para que no volviéramos a trabajar, porque si no lo hacíamos, nos llevaría para la comisaría, pues en ese momento no teníamos más opción, estábamos solamente de paso y no podíamos perder el vuelo, porque era viernes y volaríamos el lunes.

Tiramos todo a la basura y nos fuimos. Pero después le dije a mi primo, ¡no!,, yo no voy a dejar mis pinturas yo voy a regresar por ellas esperé una hora, volví al mismo lugar, las pinturas estaban allí, las cogí y me fui. Le mandé todo el dinero a mi esposa pues ella estaba en Madrid. Me quedé con poco dinero, tanto así, que los 3 días la pasé en el hotel; mi primo no quiso seguir trabajando durante los 3 días, ese fue mi gran error y no me atrevía a seguir trabajando más. Llegó el día del vuelo, nos fuimos, ya había conocido Londres, pero sabía que tenía que volver pues me había fascinado ese país. Me había conectado con él. De todos los países en que había estado, nunca un país me había conectado tanto como este. Cuando llegué a España, a los 3 días se fue mi esposa para Tenerife, pues la recibiría mi hermana en su casa mientras que conseguíamos nosotros un apartamento para mudarnos. Yo después volaría a Madrid, no era nuestro lugar, todas las cosas habían salido negativas allí y cuando algo se cierra, no puedes forzarlo, tienes que seguir buscando, seguir tocando puertas.

Pasado el mes y medio volé hacia Tenerife, volví otra vez donde todo había empezado, pues tenía que volver a transformarme en mi mejor versión. Pues todavía consumía, pero ya estaba harto de seguir en las mismas, no quería seguir metiendo ni licor, ni drogas. Algo dentro de mí me decía que eso acabaría. Todavía no sabía lo que era el meditar, pues como te explicaba a lo largo del libro, yo me he hecho maestro por mí mismo, o sea, no he tenido un mentor, ni un terapeuta que me guíe; por eso he leído muchos libros, gracias a los maestros que han dejado su legado por medio de los libros, he podido sacar mi propio raciocinio y decir ahora a todos ustedes que la clave del éxito, **es salirse de la ignorancia**. Estamos sumergidos en una ignorancia, la cual, la toma la élite, para atraparnos en la hipnosis, o sea, en la matriz que ellos ponen ante nuestros ojos y oídos.

Comencé a trabajar de artista con el traje del pingüino villano, hacía mucho calor pues en Tenerife hay temperaturas de 27° hacia adelante. inmediatamente tuve que pedir dos trajes más, uno de Frozen y otro de Mickey Mouse, pues en la playa al lado del camino, solamente había transeúntes, más que todo niñas, o sea familias; creí que íbamos a hacer mucho dinero, pero lo máximo que llegamos a recoger en un día fue €40. a veces 60. Ah, eso era muy poquito para nosotros, pues estábamos acostumbrados a ganar más. Un día un mendigo andaba en una bicicleta, nos preguntó cuánto ganan ustedes, le respondimos aproximadamente 40 a €60 el día, nos dijo: ¿cuánto cuesta tu traje?, yo le dije mi traje está evaluado en 2000 dólares, me dijo: están perdiendo el tiempo, porque yo pidiendo solamente dinero, me ganó hasta €100 diarios. Le creí porque en Nueva York, los mendigos ganan más que los artistas, pueden ganar alrededor de 200 dólares diarios. No me extrañé para nada, le dije Dios te bendiga por lo que haces y él se retiró.

En ese entonces mi primo estaba muy triste, desilusionado, pues había dejado el amor de su vida en Nueva York, solamente por seguir el dinero y no su corazón, pues la vida le había jugado una mala pasada. Pero ya no se podía arrepentir, ya estaba de nuevo en España. Comenzó a pedir trabajo en hoteles de Tenerife, le dieron trabajo como de camarero; yo mientras tanto seguía con mi labor de artista, pues cuando uno tiene un objetivo, un sueño, tiene que seguir persistiendo, porque si tú, cambias de idea, la mente y el universo te manda hacia otro camino… <u>tienes que fijar siempre un rumbo</u> y pedir en concreto: cómo lo quieres, de qué tamaño, de qué color, describir por completo cómo quieres tu sueño; el universo, solamente mira tus pensamientos,, por eso son muy importantes las palabras porque cada vez que lances una mala palabra retornará a ti, por eso no se puede hacer el mal, porque acabas con tu propio ser.

Mi primo me dijo: a veces en la vida hay que saber perder y primo esta vez nos equivocamos por habernos venido de Estados Unidos. Le dije: primo, yo no he venido de Estados Unidos a perder aquí en Europa, esa no es mi mentalidad, está en saber que aquí en Europa hay una vida, muchos sueños que cumplir y yo voy a perseverar hasta que alcance mi objetivo, hay que seguir perseverando; me dijo: no primo hasta aquí yo lo sigo, le dije: no hay problema hasta aquí trabajamos, sigue tu camino, que yo voy a seguir el mío y así lo hicimos, cada uno tomó su rumbo, él se devolvería para Madrid y yo seguiría para Londres, pues tenía mi objetivo claro, iba a trabajar en Londres.

Pasado cuatro meses de vivir con mi hermana, se nos presentó una oportunidad era de comprar una peluquería (a mi esposa se la ofrecieron). Se la venderían por ser a ella, porque trabajaba con el dueño, en €10000. Me lo comentó, yo le dije habla con mi hermana y si quieren asóciense, yo lo único en que les voy a servir, es que les prestó mi firma para que puedan hacerlo. Se lo comentó a mi hermana, de una mi hermana aceptó, ella prestaría un dinero al Banco, porque de momento nosotros no lo teníamos, pero mi esposa que era estilista, le dijo trabajamos juntas, lo que yo vaya ganando te voy pagando el 50% que me corresponde, ella aceptó. Pero más tarde se cambiaría los papeles porque mi cuñado no lo aceptaría, le dijo a mi hermana que contratara a mi esposa, para que ella se hiciera con la peluquería, cuando me lo dijo frente a mi esposa, mi cara cambió, no lo podía creer, pensé que habían cambiado; pero no era así, le dije que sabía desde un comienzo que era su problema, ya si ustedes quieren trabajar así, yo se lo respeto, pero ella vio como mi cara me cambió, pues no aceptaba lo que ella estaba diciendo.

Lo que no sabía ella, es que yo tenía dinero, sino que quería saber si verdaderamente había cambiado; así fue, como las cosas comenzaron a marchar mal desde ese momento, pues yo tenía que emigrar para Londres, me quedaba poco tiempo, ya les había dado mi firma, pero no era para beneficiar a mi esposa, sino a mi hermana y el propósito era beneficiar a las dos. Me sentía engañado por parte de mi hermana, pero ya no había remedio, tenía que llegar hasta el final, por eso le dije haré las cosas rápido porque necesito traspasarte el negocio otra vez, a ti, antes de que me vaya; tengo que cancelar también la cuenta bancaria que sacamos al nombre de la empresa, me dijo que sí, que ya estaba en ese proceso. Mientras tanto, cada día se complicaba en la casa, ya mi esposa no quería permanecer ni un segundo más ahí. Me dijo que consiguiera un cuarto, o un apartamento, que le dije a ella, que no íbamos a conseguir un cuarto, hasta encontrar un apartamento.

Salió un cuarto muy rápido, pero no era para pareja, para que no hubiera más problemas le dije a ella que se fuera para ese cuarto mientras que yo seguía buscando apartamento matrimonial. La ayudé a pasar para ese cuarto, le pagué también la renta. Mientras tanto yo seguía en la casa de mi hermano, no pasaron ni 15 días, hasta que encontré en un anuncio se renta cuarto para pareja. inmediatamente llamé me contestó una mujer, me dijo: no, ya hay tres por delante de ti que quieren el cuarto; le dije por favor cuéntamelo a mí, lo necesito, mi esposa está viviendo en cuarto y yo estoy viviendo en la casa de mi hermano, por favor conóceme y si tú ves que no es para mí, no importa, se lo renta al que tú creas conveniente.

Me dijo bueno veámonos. Nos vimos me llevó a conocer el cuarto inmediatamente a mi esposa y mi nos gustó. Inmediatamente nos pasamos al otro día, se lo comenté a mi hermano, me dijo: que, si me quería quedar más, las puertas de la casa estaban abiertas, le dije que no, que muchísimas gracias, que le agradecía por habernos tenido hasta ese momento, pero que ya era hora de que nosotros hiciéramos nuestras vidas. Mi esposa seguía trabajando con ella, pero hubo muchas cosas que le hacían a mi esposa, no mi hermana, sino más bien mi cuñado. Mi hermana se dejaba manipular mucho del esposo. Lamentablemente nos afectaba también a nosotros. Cuando nos pasamos para ese lugar me faltaban 21 días para irme para Londres. La señora Prefirió rentarnos el cuarto a nosotros. Ella tenía un gato y un pajarito. La casa tenía muy buena vibra, no sabía lo que me depararía el destino. Esa noche me levanté, cuando salí del cuarto, al lado izquierdo que daba al baño, miré al frente, vi una imagen de una mujer africana, alta flaca pero no se le veían los ojos, al lado de ella en las escaleras estaba sentado un señor de edad muy avanzada, pero encima llevaba un sombrero, era también de raza africana no sentí miedo pues sabía que era espíritus. Nunca había experimentado eso que estaba viendo. Entre al baño y cuando salí todavía seguían ahí mismo, no me asuste, entré y me acosté. Más tarde sentí como una energía entraba por mi cuerpo y salía inmediatamente no sabía qué era, pero lo experimenté dos veces. Al otro día muy temprano, le dije a la chica lo que había sucedido, ella riéndose me dijo: lo que tú has experimentado es energía Reiki.

Ustedes venían con unas energías muy densas, yo limpio mi casa con esa energía. Me causó mucha curiosidad, le dije: ¿tú eres maestra tú me puedes enseñar? y me puede decir ¿qué es eso? Ella me dijo: no, yo también soy una alumna, si quieres te puedo contactar con mi maestra, ella es de origen alemán, pero sabe español, ahora empieza un curso. Faltan tres días para que empiece, si quieres, comunícate con ella. Mira en internet, averigua que es el reiki, para que tengas más claro lo que vas a aprender. Le dije: ¡gracias!, ¿tú, me puedes hacer una sesión de reiki?; me respondió: ¡claro!, ya te la puedo hacer y también te voy a hacer una limpieza con ángeles. Le pregunté: ¿cuánto cobras?, contestó: por ser a ti €20; eso fue lo que le pagué €20 a esta persona. Cuando me puse en la camilla no tardaría ni 7 minutos en hacerme la terapia. Le dije: ¿ya?, me dijo ¡sí!... cuando pongo de mi mano, la energía en tu cuerpo, esos 5 minutos, hacen que sean una hora de energía reiki. Como no tenía conocimiento de esto, le creí. Lo que no sabía, es lo que iba a descubrir más adelante. Llamé a la maestra, le pregunté sí ella me enseñaría el primer curso de Reiki (ella daba Reiki kundalini). En el Reiki, existen 9 tipos, que más adelante te contaré. Hablé con ella, me comentó que costaba €150 el curso, me tenía que desplazar hasta ese lugar, también me propuso, si quieres venir yo le digo que te recojan y te traiga hasta el lugar donde voy a hacer el curso. Le respondí que sí, que, por favor, me ayudara con eso; así fue, como realicé el primer curso de "reiki kundalini"; fue donde conocí "la meditación". Me entregó un manual, nos explicó en qué consistía, como activar la energía reiki. Nos entregó también otros ejercicios que teníamos que hacer, cuando empezáramos nuestro proceso; pues para desintoxicar el cuerpo y la mente, hay que hacer un proceso. Uno de ellos: durante 21 días no comer ningún tipo de carnes muertas, o sea, de vaca, pescado o cualquier tipo de animal, y sus derivados. No ver ninguna noticia negativa, ni películas donde matarán personas, ni de terror. Meter en un frasco de agua un cuarzo ahumado, pues era para purificar el agua y coger las propiedades de esa hermosa piedra y así nuestras células las tomara.

No le encontraba sentido de momento, pero tenía que seguir las recomendaciones, lo que sí me parecía fantástico, es que también nos dijo que no podíamos beber alcohol, ni fumar, ni meter ninguna sustancia alucinógena. Pues ese era mi gran reto y decidí aceptarlo, quería convertirme en mi mejor versión. Sabía que esto lo podía implementar más adelante, pues así me convertiría en un sanador. Así podía ayudar a mucha gente y a lo largo de mi historia siempre me ha gustado ayudar a la gente. También, veía a las personas místicas como grandes sabios y no se diga los monjes tibetanos, ellos me parecían algo fuera de lo normal, pues veía que ellos hacían todo con tranquilidad y eran casi perfectos. ¡Me adentré en ese mundo!, me parecía fantástico ver todo esto. Algo en mí estaba cambiando, desde ese momento que sentí la energía reiki pasar por todo mi cuerpo, no lo comprendía hasta hoy, que sí lo comprendo. Lo que experimenté no fue una energía reiki, lo que experimenté fue un "samadhi" porque más adelante experimentaría dos más.

Cuando me dijeron los 21 días sin comer carne, recordé que justamente los 21 días me daban, en la primera comunión de mi segundo hijo Maikol. No me importaba si no comía ese día carne, lo importante es que quería cumplir los 21 días. Créeme que los cuatro primeros días fueron horribles, pues había dejado otra vez lo que me había costado tanto, en mucho tiempo: el licor, las drogas y el fumar. Ahora sí estaba capacitado para seguir mi vida espiritual, pues comenzaría a leer otra vez; ahora todo se me manifestaría de acuerdo con el plan divino de Dios. La maestra nos dijo "la energía reiki", es como el bambú, tarda en manifestarse, pero cuando se manifiesta nunca se va. El bambú tarda 7 años en echar raíces, es la planta que crece más rápido en el mundo. En un día crece un metro, alcanzando una altura entre 15 a 20 metros en menos de un mes.

Así fue como volví a dejar las drogas, para entrar en el mundo espiritual y exotérico.

Ya mi vida no volvería hacer igual. estaba dispuesto hacer diferente. No quería ser como el resto del mundo que vive de apariencias.

¡Quería ser yo… lo que estaba destinado hacer!

"LA TRANSFORMACIÓN DE TU SER... y el despertar de tus dones"

YAMIL MORALES MONTOYA

"¿Sabes cuál es el problema de las personas en este mundo?... todos quieren resolver los problemas con una pastilla mágica, pero todos se rehúsan a creer en la magia que ya poseen."

Yamil Morales Montoya.

"LA TRANSFORMACIÓN DE TU SER... y el despertar de tus dones"

YAMIL MORALES MONTOYA

"LA TRANSFORMACIÓN DE TU SER...
y el despertar de tus dones"   YAMIL MORALES MONTOYA

"LA TRANSFORMACIÓN DE TU SER... y el despertar de tus dones"

YAMIL MORALES MONTOYA

"LA TRANSFORMACIÓN DE TU SER... y el despertar de tus dones"

YAMIL MORALES MONTOYA

Capítulo 11

El camino del Héore

Todos tenemos que hacer "el despertar", que es una experiencia, no es cuestión de creérselo, es comprender que todo está conectado, que todo tiene un sentido y que todo tiene que ver con uno. Tenemos que auto aplicar esa conciencia en nuestra vida, es la experiencia que te va a liberar, nadie lo puede hacer por ti, es un ¡sí o sí! No puedes esperar a que las personas te solucionen tu vida, o sea, tampoco estás obligado a tener esa experiencia, pero debes de entender que ¡solo tú puede hacerlo!, nadie lo va a ser por ti. Muchos son los llamados, pero pocos los que atienden al llamado. Lo otro que debes de entender es que no hay tiempo, solo hay el aquí y el ahora. **"Cuando despiertas vives cada momento como si fuera el ultimo"**

Joseph Campbell definió "El camino del héroe" en 17 pasos. pero Christopher Vogler las dejó en 12 etapas. Son muy pocos los que incluso llegan a las 12 etapas.

Todos nacemos siendo budas, pero a lo largo del camino vamos cogiendo creencias, dogmas, energías negativas y creamos una coraza en nuestro corazón… dejamos de ser buda. Cuando entramos en "el despertar" es porque algo nos sucede, tal vez una lesión, un accidente, una enfermedad, un divorcio, o un problema económico, nos despiden del trabajo o un cambio de gobierno. Algo que de verdad nos asusta y nos molesta, porque ya estamos cansados de sufrir, hay mucho dolor reprimido y traumas que tenemos que quitar de nuestro inconsciente, para así poder estar libre de todo ese mal que nosotros mismo hemos dejado meter en nuestro cerebro.

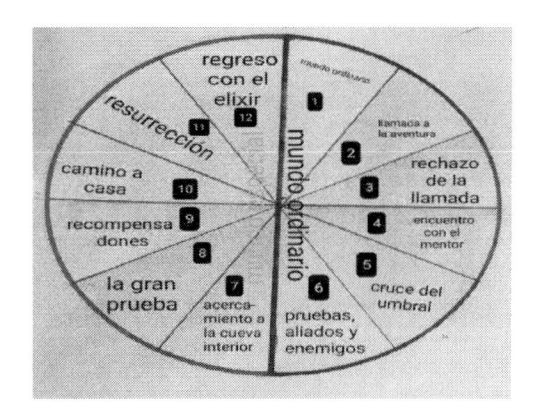

Cuando lo hacemos volvemos a recuperar lo que en esencia siempre hemos sido… budas. Lo único que necesitas es emprender el viaje, conocerte a ti mismo, las personas creen que es pelear contra el mundo y ¡no!... es pelear contra ti mismo. ¿Por qué cuando quieres hacer ejercicio, piensas que mañana empiezas, no lo haces? Al otro día vuelves a intentarlo… y no lo haces… ¿contra quién crees que tienes que pelear para ir al gimnasio? ¿cierto que contigo?... y así es para todas las cosas.

Ahora te voy a mostrar "el camino del héroe" porque yo lo hice, tuve que andar por 7 países: Colombia, España, New york, México, París, Berlín, España, Londres, Colombia. Volví a Colombia ya transformado en un maestro espiritual y sanador. Puse mi primer centro holístico, que hasta ahora funciona al público, se llama "Centro Reiki Samadhi".

Mi página de internet es: www.reikisamadhi.com

Joseph Campbell

"LA TRANSFORMACIÓN DE TU SER...
y el despertar de tus dones"

YAMIL MORALES MONTOYA

Fue uno de los expertos en mitología, filósofo, un hombre que tenía la habilidad de ver la verdad en un mundo, en el que actualmente hemos perdido la vista de cierto modo, que nos ha llevado a volvernos más fríos, a no sentir el dolor de las personas, ni a preocuparnos por ellas... nos hemos vuelto "narcisistas". Estudió las muchas tradiciones místicas clásicas, de hecho, empezó estudiando la mitología nativa americana, se enamoró de eso cuando era niño... esa era su felicidad. Terminó estudiando las culturas aborígenes, estudió la mitología griega, diseccionó y diagramó nuestras historias. Comparó las filosofías que tenían todas las culturas, las historias místicas de todo el mundo, todas las películas, dibujos, mitos, leyendas, novelas y romance; encontró esta historia dentro de todas las otras con la que nos podemos relacionar todos los seres humanos, sin importar dónde.

Él reconoció que, a pesar de todas las distintas historias que contamos, realmente había solo a una y él la llamó "el viaje del héroe", que todos tenemos que hacer en algún momento de nuestras vidas, sea en esta o en la próxima reencarnación. Debe haber millones de héroes en todo el mundo, pero hasta que llegó "Campbell" a mi vida, no me había dado cuenta de que todas las historias hablan de un viaje: "La guerra de las galaxias", "El señor de los anillos", "Matrix", "Harry Potter", "El mago de Oz". Y de una transformación como: "Iron man", "Hulk", "Supermán", "Super girl", "el viaje del héroe" es un patrón. El patrón que estaba repitiendo con mis exparejas.

En la tercera me hicieron "la llamada". En la llamada, hay una separación cuando estás en un lugar donde vives y te separan de ella. La iniciación, te pone en otro lugar en el que eres "iniciado" de alguna forma. En el regreso, vuelves de donde partiste a dar tus dones al mundo, hay una visión, hay una intuición, hay una misión, tendrás que pasar por pruebas, experiencias difíciles, enfrentar diferentes obstáculos, hay personas que intentan dañarte y personas que son ángeles que te ayudan; puertas que se abrirán para ti, decía Campbell y donde no existen puertas para otros; aparecen miedos que son solo tuyos, te meterás en terrenos y cuevas profundas, donde nadie se atrevería a entrar, donde serás realmente desafiado, tendrás las crisis más grandes que hayas podido experimentar, pero encontraras tu verdadero ser tu ¡yo!, el logro, la victoria, la meta, la gloria… pero eso no termina ahí. Los dones que despiertas tienen que volver a la comunidad. Siempre a un regreso para contar la historia, que ahora te estoy contando después de 26 años; todos los dioses, villanos, los héroes, las diosas; todos los caballeros y criaturas fantásticas, qué podemos inventar con la imaginación… están todas ahí... están aquí.

Porque del pensamiento, es donde viene toda la imaginación. Las personas se tienen que enfrentar contra ellos mismos. Existe una relación con enfrentar los miedos y una especie de "crecimiento espiritual" que se adquiere, una fuerza sobre natural que tiene escondida un valor, donde, en los momentos en los que las personas son puestos a pruebas, muchos avanzan, luego se encuentran con un punto crítico, pero se recuperan y se redimen; mejoran a través de esa prueba en la que han sido puesto y a estas personas las llaman… **¡héroes!**

Si todas las historias contadas se reducen en un mapa, entonces podemos utilizarlo, porque todos los humanos somos iguales. Que se vayan a una guerra, o que atraviesen una guerra interna es básicamente el mismo proceso; en otras palabras, no somos diferentes a los personajes que vemos en las películas, en las mitologías. Ellos son nosotros mismos en un solo viaje; si has podido ver tu vida, en algún momento has experimentado: aventuras, desafíos, obstáculos, problemas, miedos, alegrías, triunfos, logros… todo eso, es lo que nos convierte en ¡héroes!; porque matamos nuestros miedos y conquistamos todos los demonios, domamos nuestro "ego", que es el causante de todos nuestros problemas y cuando lo hacemos, atravesamos los límites y finalmente… **¡llegas a la meta!** Cuando emprendas el viaje, recuerda que debes de reclamar lo que necesitas para poder terminar tu proceso, nunca te quedes callado, tienes que pedirlo como si ya lo tuvieras. Dios siempre está esperando a que le pida ayuda, pues él quiere ayudarte en ese proceso, pero nunca se atreverá a hacer algo que no pediste. Tú posees dones que están esperando a ser desarrollados y despertados. **¡Tienes un propósito en esta vida!** y ese propósito va ayudar a muchas personas, todo lo que has vivido solo tú sabes cuánto has llorado, cuánto has trabajado, cuánto has aguantado hambre, cuántas pruebas has vencido, cuántas enfermedades has soportado; y aun así, crees que no has hecho nada… NO, mi amigo o amiga… ¡TÚ eres un guerrero! que has nacido para grandes cosas… ¡siéntete orgulloso! y sigue, porque de momento, aún estás vivo y el cambio se da, cuando tú avanzas el primer paso y emprende el viaje.

Recuerda que Dios poda más fuerte a las personas que él ve con más potencial. Porque sabe que lo resistirán y saldrán ilesos de ese proceso. Es como si lo ordinario se convirtiera en extraordinario, es como atravesar una cueva oscura para llegar a la luz. Se pasa de una insatisfactoria vida sin rumbo, a una satisfactoria y con propósito. En realidad, la vida es un proceso de transformación, sacar toda nuestra luz que está escondida en el corazón. Las personas tienen que enfrentar, que el mundo que pensaban que era real, no era más que una ilusión. Si te das cuenta todo tiene valor en la tierra. Hay creencias dominantes que el mundo ha puesto en ti para manipularte, cuando despiertas comienzas a quitar muchas de ellas, conociendo cuál es tu valor y lo que posees dentro de ti.

Existe una enorme presión en los medios de comunicación, tanto visual, como auditivo, para realmente mantener oprimidas a las personas, en el sentido de mantenerlas como "consumidores", que se sientan felices por un momento y en una completa de "hipnosis", en "trance" … como lo abras notado, todo se ha disparado sin control, cuando aparecieron las "redes sociales". Las redes sociales, son un trance de comodidad para no resaltar mucho sobre la multitud, eso permite que las empresas sigan funcionando, la mayoría de las personas piensan que es un lujo, un gran privilegio quedarse en casa, viendo su televisión gigante; con sus comodidades y lujos… esto no solo te distrae, sino que no te desarrolla. Las imágenes y los sonidos fuertes nos estimulan, activa la hormona de "la dopamina", que es la hormona de la felicidad por eso permanecemos en estado de hipnosis y así se nos va acabando el tiempo:

1- **El mundo ordinario:**

En esta parte se presenta en lugar del héroe, su vida previa a todo conflicto, pasa la mayor parte del tiempo (día a día), con sus amigos y actividades. Vive pensando en impresionar a los demás y conseguir lujos. En definitiva… mostrar lo que le ata a ese lugar.

2- **La llamada a la aventura:**

Un elemento "disruptor". Aparece alguna escena en la vida del héroe que trastoca la vida de éste. Esto puede ser una llamada desconocida. Conocer una persona o un ataque. Una enfermedad. un divorcio. La pérdida del empleo. O alguna otra cosa que lo desequilibre en la vida del héroe y no permita que las cosas sigan como antes.

3- **Rechazo de la llamada:**

Tras recibir la llamada, el héroe la rechaza en un primer momento. No quiere dejar atrás su vida conocida, tiene miedo de lo que le pueda pasar, o los riesgos que conlleva; porque lo pueden tratar de loco, o no encajar en la vida de su familia, o de la sociedad, entonces prefiere declinar la petición y seguir su vida tal como la lleva.

4- **Encuentro con el mentor o maestro:**

Se le da conocer al maestro o mentor, un personaje sabio y con experiencia que convence al héroe, de que acepte que necesita el cambio, escuchar la llamada de su interior. Además, de ser catalizador de la historia… este maestro o mentor acompañará al héroe. Le formará y aconsejará a lo largo del viaje, creando una relación hasta cierto punto "paternal o familiar", entre el maestro y El Héroe, siempre con este maestro o mentor a su lado. ¡El oro está listo para empezar su camino!

5- **Cruce del primer umbral:**

El Héroe deja atrás su hogar, enfrentándose a su primer impedimento. Esta traba le pondrá a prueba, ya que su falta de experiencia no juega a su favor, puede que no la supere. Pero ya no hay vuelta atrás. En este punto se puede observar hoy, los problemas y los obstáculos que el mundo tiene preparado para él. Totalmente distinto a su hogar. Esto anima al héroe a seguir adelante para saber qué vendrá más allá del objetivo principal de la aventura. Pues él mismo se pondrá a prueba.

6- **Pruebas aliados y enemigos:**

Ya cruzado el umbral se le presenta la aventura en sí, al héroe. Una serie de pruebas en los que el Héroe ganará experiencia, mientras va tratando de superarlas. En esta prueba conoce a sus aliados, que, junto al maestro, acompañarán en el resto del viaje del héroe, aportando diferentes cualidades y defectos al grupo para este viaje.

El Héroe y sus aliados, estarán también sus enemigos, unas fuerzas poderosas con las que el Héroe tendrá que lidiar. El objetivo del enemigo es simple "Impedir que el héroe cumpla su plan y supere sus pruebas".

7- **Acercamiento a la caverna más profunda donde El Héroe tendrá que vencer sus miedos**:

La historia del héroe avanza, las pruebas cada vez son más difíciles y peligrosas, puede superarlas… o no. Pero en tal caso, gana experiencia y eso lo sabe. Ahora conoce mejor a sus enemigos, pues ha desarrollado su intuición. Ya se le muestra más reales, tal como son ellos. Además, ya comienza a conocerse mejor él mismo. Esta información le será muy útil y de gran ayuda, cuando se dirija hacia el final… un trayecto que emprende en este punto, cuando está listo para terminar la gran prueba.

8- **La gran prueba:**

Llegamos al final de la prueba del camino del héroe. un momento dramático en el que El Héroe pasa una crisis que le pone a prueba al más alto nivel. una situación de vida o muerte. Hoy en el que decidirá su destino, en este punto. recuerda cuando cruza el umbral. en esta parte El Héroe sí que lo supera gracias a las experiencias ganadas a lo largo del trayecto. Ya se siente fuerte y victorioso. Pues sabe lo que ha tenido que pasar. Y los demonios que ha tenido que vencer ya no le tendrá miedo a lo que la vida le muestre.

9- La recompensa:

El Héroe tras superar todas las dificultades y desafíos, recibe una recompensa por sus acciones este puede ser material o inmaterial como una mayor fortaleza una nueva amistad. Pero este triunfo es temporal porque no ha cumplido su meta y debe continuar hasta alcanzarla. es un descanso antes de que encarar el final.

10- El camino de vuelta:

El Héroe emprende el camino a casa. Pero en su camino se enfrenta a un problema que le pondrá contra las cuerdas por última vez, como una persecución o un segundo combate contra un villano que parecía derrotado… **¡logra salir victorioso de este problema!**

11- Resurrección del héroe:

Este es el último reto del héroe, un reto a muerte, con el que se transformará, dejando atrás su antiguo yo. Logrará domar su ego. Gracias a su experiencia supera sus defectos, sale reforzado como un nuevo ser más fuerte y el universo lo premio con los dones, que ya en sí, siempre ha tenido, los ha desarrollado en el transcurso de su camino. Esta resurrección y aprendizaje le da una satisfacción a su historia, cuando supera el reto. Se encamina finalmente regresando a casa, tras superar esta aventura que ha cambiado su vida, pues se ha encontrado a sí mismo y podrá ayudar a su comunidad.

12- Regreso con el elixir

El héroe finalmente sabe ya, que es el mundo ordinario ha viajado por diferentes países, ya no es el mismo, pues en este viaje ha hecho amigos, ha adquirido conocimientos y dones. Tras ver sus recuerdos, sabe que ya no podrá retroceder nunca más, pues ya tiene un propósito que cuando empezó no veía… ¡ahora debe entregar su conocimiento con el mundo!

Esto es lo que la mayoría de las personas van a tener que hacer cuando se enfrenten "al desafió de la llamada", que tú ahora puedes estar viviendo, pero no quieres hacerlo por miedo a las críticas de la familia o amigos; a no encajar en la sociedad, a cambiar de trabajo, y no te vas, porque desestabilizaría tu hogar, tu comodidad y no quieres sentir incomodidad. Por eso prefieres tener esa armadura de ego que crees que te va a proteger por el resto de tu vida, más alejado de tu realidad. Tú ego es tu identidad, mas no, el que te saca de tus problemas, antes te los incrementa. Como habrás visto en tu vida, ¿por qué estas alejado de familiares o amigos? a causa de una discusión, un enfrentamiento, posiblemente te han tratado mal algún miembro de tu familia o amigo. Lo único que necesitas es <u>enfrentarte a ti mismo</u>. Pero no te preocupes, en el próximo capítulo te lo voy a revelar todo, porque sé, como habrás visto hasta aquí, que yo también tuve que vencer enemigos y pruebas, para desarrollar mis dones y despertar el "mago" que está en cada uno de nosotros.

"LA TRANSFORMACIÓN DE TU SER... y el despertar de tus dones"

YAMIL MORALES MONTOYA

"*LA TRANSFORMACIÓN DE TU SER...*
y el despertar de tus dones" YAMIL MORALES MONTOYA

"Debemos estar dispuestos a deshacernos de la vida que hemos planeado, para poder tener la vida que está esperando por nosotros."

Joseph Campbell

"LA TRANSFORMACIÓN DE TU SER... y el despertar de tus dones"

YAMIL MORALES MONTOYA

"LA TRANSFORMACIÓN DE TU SER...
y el despertar de tus dones"   *YAMIL MORALES MONTOYA*

"LA TRANSFORMACIÓN DE TU SER... y el despertar de tus dones"

YAMIL MORALES MONTOYA

"LA TRANSFORMACIÓN DE TU SER... y el despertar de tus dones"

YAMIL MORALES MONTOYA

Capítulo 12

Los dones

Sé que estás listo, después de haber leído casi toda mi historia (la resumí en estas páginas), porque la verdad si te contara cada lágrima que derramé, no habría escrito este libro, sino más libros; pero hice hincapié a lo más importante, el resto fueron enseñanzas que cada persona, que es un maestro, me aportó para desarrollar todas las virtudes que al principio del libro te mostré. Lo primero que debes hacer es mirar en tu interior, preguntarte: ¿para qué estoy aquí?, ¿qué es lo que me gusta hacer?, ¿qué es lo que me apasiona hacer?, ¿cuáles son mis mejores habilidades, mis mejores talentos y dones? y ¿cómo se los doy a la humanidad? Yo sé Campbell lo resumió. ¡Persigue tu dicha! Te dije al comienzo del libro en lo que trabajé, hasta que me fui para Nueva York y en los trabajos que desempeñé: Ebanista, la cristalería, agricultura, la construcción, pintura, hostelería, limpieza y artista de la calle. Hasta que encontré mi dicha cuando regresé a Tenerife, después de 4 años comencé a formarme como terapeuta holístico. La primera terapia que aprendí fue "reiki". Sanación por imposición de manos (lo que decía el maestro Jesús años atrás). Cuando regresé a Londres, seguía meditando y con el pensamiento de que sería un maestro de "reiki", porque conversaba con personas que ya habían hecho el primer nivel, hasta el segundo y sin ver resultados. Siempre en lo que yo me he caracterizado, es en **¡perseverar, el no**

darme por vencido! y siempre en mi mente, saber que lo que no está destinado para esa persona, para mí no tiene que ser así.

Para comenzar tu aprendizaje, ya lo debes tener claro, tienes que definir qué es lo que te gusta hacer. Cuando ya lo tengas en mente, recuerda que no es necesario de que abandones tu trabajo actual ya (si es que lo tienes). Puedes trabajar en lo que haces ahora y apuntarte en lo que quieres hacer. Las personas no se dan cuenta de cómo la vida se escapa. Cada segundo que pasa no es un segundo más, es un segundo menos… realmente tenemos los segundos contados. La pregunta que te quiero hacer para que te cuestiones: ¿Lo que haces segundo a segundo, te está llevando a la vida que quieres? Sé, que no es fácil, pero si tú no das el primer paso, el cerebro ni siquiera va a entender que hay otro camino, esos pequeños pasos nos pueden llevar a la victoria, porque los sacrificios de hoy serán las recompensas del mañana. Cuando comprendemos, esto le estamos enseñando al cerebro, que no solo está el ahora, en cuestión de recompensa, sino que más adelante puede haber cosas mucho más grandes.

Lo primero por donde debes empezar, ya que lo tienes claro, es persiguiendo tu dicha, con lo que el alma escogió para llevar a cabo su trabajo aquí en la Tierra… sea lo que sea… ¡atrévete a hacerlo! He visto muchas personas a lo largo de sus vidas, que han seguido solamente la voz de sus padres para sacar sus carreras adelante, las cuales nunca ejercerán, pero por amor a ellos lo hacen; otros que se han atrevido a irse de unos empleos muy remunerados, para volverse monjes tibetanos; porque ha nacido para eso y no para seguir creencias que el mundo y la familia imponen. Tienes que apretarte muy bien los pantalones, porque si vas a dar este paso debes de entender que tienes que cambiar en la manera de que piensas y vives. Así será la única manera en que sabrás qué propósito tienes en esta vida; mucho te juzgarán y no los volverás a ver, porque sencillamente desaparecerán de tu vida. A medida que avanzas y vas subiendo de nivel, ellos seguirán sumergidos en la hipnosis. Prepárate para los grandes desafíos que tendrás que enfrentar y pruebas que tendrás que superar, por eso a la medida que leas este libro, te vas haciendo una idea de qué vida tienes y la que muy pronto tendrás. Recuerda que, en este camino espiritual, todas las personas del mundo lo tendrán que hacer, sea en esta vida o en la próxima… "nadie se escapa a la llamada y a trascender el espíritu".

¿Cómo cambio mi vida?

Tener muy claro qué quiere cambiar y para cambiar se necesitan 5 cosas muy importantes: Actitud, motivación, disciplina, perseverancia y el aprender a decir no a las personas. Porque lo más importante eres tú, ¡tú eres el que necesita el cambio!

¿Por dónde empiezo?

Para ello necesitarás alimentar 3 cuerpos que ya posees, cada uno necesita aportar a cada una de ellas lo que necesita: la mente, el cuerpo y el alma.

La mente: Un nuevo modelo mental, pensamientos positivos, palabras positivas, conocimiento, quitar la ignorancia y para eso debes leer libros de crecimiento personal o espiritual. Te dejo una lista de ellos, los cuales he leído, que a ti también de servirán: "Sincro destino" de Deepack Chopra, "Las 7 leyes espirituales del éxito", "El sendero del mago", "El caballero de la armadura oxidada" de Robert Fisher. "Los cuatro acuerdos" de Miguel Ruíz, "Los 10 secretos de la riqueza abundante" de Adam Jackson, "La vaca" de Camilo cruz, "Usted puede sanar su vida" de Louise Hay, "El poder está dentro de ti", "Sana tu cuerpo", "El poder de la hora" de Eckhar Tolle, "El cambio" de Wayne Dyer, "Tus zonas erróneas", "Cómo salir de la mente" de Osho, "El libro del ego", "Liberarse de la ilusión", "El sendero del tao", "Coraje la alegría de vivir peligrosamente", "La libertad", "La valentía de ser tú mismo", "Lao-tse tao te King" el libro del tao. Te dejo esta lista para que empieces a leer. Recuerda que también puedes acelerar tu aprendizaje, en la medida de que vayas leyendo irás encontrando libros que te llegarán y desearás leerlos, pues tú alma se identifica con lo que tú viniste a aprender y te lo terminará mostrando. Entre más leas, más desenredaras tu vida, porque comenzarás a recordar lecciones aprendidas de tus vidas pasadas. Esto acelerará el proceso, pues en los libros que vas leyendo encontrarás palabras de momento conocidas, como muchas de las virtudes que ya posees. Tienes que observar mucho cuando estés al contacto de las personas a tu alrededor, pues ellos te entregaran mensajes que tu tendrás que descodificar, ya que los ángeles y Dios, solo se manifiestan por medio de la palabra de alguna persona, en números, en alguna cosa que te pase en tu vida diaria, o en tus sueños. Para eso, la meditación es muy importante, más adelante la tocaremos. Te ayuda a mantenerte en el presente, a vivir el ahora, que es lo único que hay en este momento. Recuerda que lees, no para ser presuntuoso ante las personas, pues tu ego siempre te va a tentar a que seas más intelectual que los otros; lo que tienes que saber es que adquieres conocimiento para poder superar las pruebas, alcanzar las virtudes y servir al mundo.

No alimentes tu ego por querer ser mejor que otra persona, pues recuerda que cuando abandones este cuerpo, no podrás llevarte tus logros, ni reconocimientos; ya sabes que lo único que le importa al alma, es que trabajes en tus virtudes, así ella va transcendiendo de nivel de consciencia. Lo que Dios te da en esta vida, es para que lo puedas compartir con las otras almas, eres solamente un administrador de todas las riquezas que hay aquí en esta tierra; pues si aprendes a servir y ayudar a las otras almas, tenlo por seguro, que el creador de todo dará tu recompensa en la tierra y en los cielos. Entonces ya que lo tienes claro, de lo que tienes que hacer primero: sacar toda la ignorancia que has mantenido por años, creencias que te limitan, hasta poder tener una mente ilimitada, para que no seas escéptico, porque muchos lo son y debes entender que existen muchas cosas paranormales que las personas no entienden, ni creen... pero están ahí para ser vistas. También te recomiendo una aplicación que es parecida a Netflix. Pero esta página hoy está dedicada más que todo, al crecimiento espiritual y te va a ayudar en muchas de las preguntas que de momento tienes, entre más conocimiento quieras, más rápido sale de esas cadenas que te mantienen atado a este mundo, que son: miedo, ignorancia, apego, religión y ego; quise colocar el ego de último, porque es el que controla esas cuatro cadenas, que tú tienes que romper para ser feliz. El ego, es tu identidad, es el que te motiva a todo momento, pero cuando no lo sabes utilizar, te mete en cantidad de problemas. El miedo, hace parte de nosotros, pues el cuerpo ante un peligro hace que salga ese miedo. Pero cuando no lo sabes manejar y te dejas llevar a todo momento por él, no alcanzas tus metas, pues cada vez que quieres hacer algo, siempre está el miedo y se deja ver. El apego, no es bueno apegarse a nada, pues nada te pertenece, todo queda aquí. Y la religión, debes de entender que para Dios sólo hay una y es **el amor**. La religión nos divide, pues el hombre ha inventado alrededor de 4200 religiones y cientos de miles de dioses para manipular a la humanidad, por millones de siglos, para tener el poder y el control del mundo.

Lo único que quiero hacer por ti es hacértelo más fácil, más sencillo, de lo que a mí me costó. Eso no significa que no tengas que hacer tu parte para alcanzar tu propósito, sino que al tener estas estas herramientas vas a saber guiarte hacia lo que has sido destinado a ser… para ti. La aplicación se llama Gaia, ahí encontraras más de 2000 videos de series, películas, yoga, meditación, documentales, transformación, buscando la verdad y eventos; como también, todos los grandes del crecimiento espiritual. Esta página te hará ¡estallar la cabeza de cosas que te han ocultado por mucho tiempo!

Sigamos con nuestro aprendizaje.

El cuerpo: Debes hacer ejercicio como mínimo 1 hora diaria, 3 veces por semana, si puedes hacer más sería fantástico; pero recuerda, aquí no se trata de ir rápido, si no de ir a una manera equilibrada, porque si no, tarde o temprano el cuerpo te mandará mensajes que te estás excediendo; además, tienes que dejar campo para la lectura, la meditación y el Grounding {conexión a tierra}, este ejercicio tan práctico, que todo el mundo ignora, trae excelentes beneficios para la salud, con tan solo 30 minutos diarios… notarás como tu salud mejora.

¿Cómo nos beneficia el Grounding?

La Tierra está cargada de electrones, al caminar sobre el pasto, la arena de la playa, el lodo y todo lo que tenga que ver con la tierra, estos electrones son absorbidos al contacto con nuestros "Pies descalzos", teniendo un efecto antioxidante muy poderoso y eliminando radicales libres. Debes de tener en cuenta, que estamos rodeados por dispositivos electrónicos, conexiones eléctricas y como ya sabes, nuestro cuerpo está compuesto de pura energía, estos dispositivos y conexiones nos facilitan la vida, pero también puede suponer un riesgo para nuestra salud, ya que pueden producir dolores de cabeza, de estómago, ansiedad, disminución de la concentración, insomnio, entre muchas otras cosas más.

Numerosas emisiones alrededor del mundo han estudiado el efecto de "andar descalzo", evidenciando que alivia la inflamación en todo el cuerpo, desde el origen de enfermedades como la diabetes, la artritis el asma, el alzhéimer, y muchas dolencias cardíacas. Además, existen muchos otros beneficios:

1. Mejora la calidad del sueño.
2. Aumenta el nivel de energía.
3. Mejora el estado de ánimo.
4. Reduce el dolor muscular.

También tiene un efecto beneficioso sobre el estrés, al normalizar la secreción de cortisol {la hormona del estrés}, recuerda que lo más adecuado es caminar descalzo por: arena, tierra, hierba, lodo, pero también ladrillos, material cerámico, ya que todos ellos son unos buenos conductores. Andar por la orilla del mar o dentro del agua, es un buen ejercicio de **GROUNDING**, porque el agua salada tiene muchos minerales. También, aparte de todo esto, hoy puedes andar descalzo en tu casa, es muy recomendable porque así evitamos la presión que suele provocar el calzado y la humedad que se genera en el pie; este hábito permitirá estimular y trabajar aquellos músculos que se encuentran anulados o atrofiados, ante el uso continuo del calzado. Te permite corregir desequilibrios en los movimientos, fortalecer los músculos y huesos de los pies, los tobillos, logrando una mayor integración del organismo. Y ahora… ¿tú qué esperas para hacer Grounding? De igual manera, ayuda, <u>comer sano</u> o tener un equilibrio en nuestras comidas. No es necesario de que quites toda la comida chatarra, pues eso hace parte de nuestra vida, porque entre más reprimas las cosas que te gustan, la mente terminará pasándote factura. Tienes que aportarle a tu cuerpo, todos los minerales y vitaminas que él necesita para poder trabajar, porque entre más edad tengamos, el cuerpo menos produce lo que necesita y tenemos que encontrarlo por otras partes; las podemos encontrar en las plantas, las hortalizas, los granos, los carbohidratos etc.

Sí le aportas todo esto a tu cuerpo, tenlo por seguro que él te lo terminará recompensando con una buena salud, lo que te venden en la televisión, que tomarse una copa de vino equivale a una hora de ejercicio <u>es completamente mentira</u>, porque recuerda que no deja de ser alcohol y este no ayuda a elevar tu vibración; además va debilitando los huesos, entre otras más consecuencias. **¡Ama tu cuerpo!** pues solamente te han dado uno y merece ser tratado con respeto. No coloques tu cuerpo sedentario, pues él se hizo para estar en constante movimiento, si no lo haces, terminarás obeso, con ansiedad, estrés o depresión; debes tener muy buenos hábitos saludables y trabajar en lo que a ti te gusta.

Alma y espíritu: orar, meditar, tener una buena comunicación con el creador y contigo mismo.

¿Por qué a las personas les cuesta cambiar?

Porque no es fácil crear un nuevo modelo mental, tienen que quitarse muchas creencias y dogmas que han sido impuestas a lo largo de sus vidas, por su generaciones y sociedad. Las personas se resisten al cambio. Por eso es muy importante que no dejes que tu Resistencia te impida cambiar. Vamos a ver unos ejemplos: Negarse a prestar atención, comer beber, fumar o las drogas, perdiendo el tiempo en las redes sociales, no crecer personalmente, trabajando en lo que no te gusta, aplazar la decisión a todo momento de que "mañana cambiaré", llegar tarde, irse de la habitación cuando te están hablando de crecimiento espiritual, o irse a la ducha.

Las creencias: Todos nosotros crecemos con creencias, que alimentan nuestra Resistencia al cambio, muchas de las ideas son: Eso no se puede, eso no sería espiritual, si uno está en el camino espiritual no se enoja, no toma, los hombres o las mujeres no hacen eso, los hombres pueden tener 7 mujeres, el amor no es para mí, es demasiado lejos para ir en coche, representa demasiado trabajo, es demasiado caro no me lo puedo pagar, yo no creo en esas cosas, yo no soy esa clase de persona; y así, sin fin de creencias, que sólo la mente te limitan para no ver lo que realmente hay, la religión se ha encargado de que no creamos en nada místico, pues deben de entender que hay mucho más de lo que los ojos no pueden ver.

Las suposiciones: Con mucha frecuencia suponemos cosas que nos ayudan a sentar nuestra Resistencia al cambio. Veamos unos ejemplos: Sólo los que están locos van a ver a un psicólogo, tendría que cambiar toda mi personalidad, esto no podría ayudarme a solucionar mi problema, no podría quitar mi agresividad, yo soy así y nadie me va a hacer cambiar, y así va resolviendo solo, la verdad nadie la sabe, mi marido o mi esposa no lo entendería etc.

Los conceptos de lo que nos decimos nosotros mismos, usamos muchas ideas que tenemos sobre nosotros como "limitaciones" o para la Resistencia al cambio, siempre solemos decir: somos demasiado pobres, somos demasiado insignificantes, somos demasiado frívolos, somos demasiado serios, somos demasiado presumidos, somos demasiado viejos, somos demasiado delgados, somos demasiados gordos, somos demasiados jóvenes, somos demasiados preciosos, somos demasiados tontos, somos demasiado listos etc.

Muchas veces utilizamos tácticas dilatorias. Utilizamos siempre muchas excusas para la Resistencia al cambio, utilizamos excusas como: tengo demasiadas cosas que hacer, lo haré más tarde, sé que es buena idea algún día lo haré, ahora no puedo pensar en esto pues tengo facturas que pagar, robaría mucho tiempo a mi trabajo y tengo que sacar una familia adelante, me lo pensaré mañana y te digo, cuando sea el momento te llamo y te digo, tan pronto como vuelva de viaje te busco, este no es el mejor momento para hacer esto, etc.

La negación para cambiar: Siempre la Resistencia se mantiene cuando negamos que necesitamos un cambio y utilizamos expresiones cómo: y de qué me serviría cambiar, yo estoy bien como estoy, si a mí no me pasa nada yo estoy bien, esto es un problema que no puedo solucionar, todo está bien, él o ella en algún momento cambiará, tal vez este problema desaparezca si no le hago caso, etc.

Y por último está **el miedo**: que es el primero que aparece, cuando vamos a hacer el cambio. Siempre las personas sienten miedo a lo desconocido, veamos unos ejemplos: podría fracasar si hago esto, todavía no estoy preparado para hacer este cambio, si hago esto tal vez me rechace mi familia y amigos, hola qué pensarán mis vecinos y amistades si me ven haciendo esto, me daría miedo decírselo a mi marido o a mi mujer, si hago esto tendría que cambiar toda mi vida, esto me costará mucho dinero, antes de cambiar preferiría morirme o divorciarme, puedo perder mi libertad, esto sería muy difícil de hacer, en este momento realmente no tengo dinero, yo no quiero ser perfecto me gusta mejor así, si hago esto dañaría mi imagen, etc.

Todas estas cosas son inventadas por tu mente y tu ego, pero hay algo dentro de ti que siempre te motiva hacer ese cambio, no hay otra manera de hacerlo… simplemente ¡hay que hacerlo! No creas mucho todo lo de las redes, pues he visto muchos niños de 18 años en adelante que por la forma de hablar parecen maestros espirituales, pero la verdad el cerebro de un niño solamente se forma a la edad de los 28 años, la mayoría de las personas que han estado en esta Tierra que han sido maestros espirituales, se han tardado años para poder manifestar su sabiduría, pues la sabiduría consiste en hacer la acción frente a la prueba y ganar esa prueba. No sé es sabio por lo que tus leas, ni por lo que digas, se es sabio cuando puedes contribuir a que este mundo sea mucho mejor con tu conocimiento, pues las personas que aman a todos por igual no discriminan ni por raza, ni género, ni clase social, pues estás poseen mucha sabiduría.

Cuando me formé como maestro de "Reiki" en Colombia y volví a Londres con todo este conocimiento, me parecía increíble que algo tan mágico pudiera ayudarnos en nuestra salud, seguí meditando y preparándome, pues conocería el significado de la meditación. Y porque es tan importante colocarla en nuestro hábito diario: hoy sin corpóreas: la meditación que es el 30, el otro 60 que es el conocimiento y el otro 10 son las pruebas que el universo te pone para que puedas elevar tu ser; si lo haces, tendrás una salud excelente.

Ahora es el momento de que te cuente los beneficios de **"la meditación"**, recuerda que al comienzo no será fácil pues la mente y el cuerpo serán los distractores para que tú no lleves a cabo esta práctica. A la mente no le gusta permanecer en el momento presente, siempre está llevándote al pasado o al futuro y tú sabes que eso es irrelevante. Lo verdaderamente importante es cada momento, el presente, el aquí el ahora, cuando vas al pasado pierdes energía, si tu mente te lleva el futuro también pierdes energía, pues, es algo ilusorio; Dios te da cada nuevo día, ¡aprovéchalo bien y disfrútalo!, siempre tienes que dejar espacio en tu mente para los momentos de ese día, pero si estás siempre pensando en tu pasado y en el futuro, no habrá espacio para la hora.

Por eso es muy importante meditar, porque te mantiene en el momento presente.

Meditación: La meditación es un estado de conciencia con nosotros mismos, la meditación es un entrenamiento de mente que busca una mayor libertad mental y emocional, muy lejos de lo que considera mucha gente. La meditación no tiene como objetivo controlar a la mente ni los pensamientos cuando estos se manifiestan. Al contrario, tenemos que entender que la meditación sirve para aprender a ser más consciente de las sensaciones y emociones que sentimos, así podemos conseguir liberar pensamientos obstructivos que no nos dejan avanzar, para alcanzar una mayor tranquilidad.

Una persona que practica todos los días la meditación logra ser más consciente de sí mismo y eso le facilita también su conexión con el exterior. Por eso, es muy importante en la meditación entrenar la mente para lograr mayor concentración, claridad, positividad emocional y calmar el interior, a través de la conciencia de nosotros mismos, al permanecer en él aquí y el ahora, cuando conseguimos esto, logramos conseguir un equilibrio mental.

Ahora, pasemos a cómo influye la meditación en nuestro cerebro pues de él, cuando estamos en completa meditación, activamos las 5 sondas cerebrales y gracias a ellas obtenemos muchos beneficios.

- **Ondas gama:**

Cuando meditamos aumentamos los niveles de ondas gamma. Lo cual está asociado al estado de hiperactividad y aprendizaje. Cuando meditas y activas estás ondas, disminuye la ansiedad y el miedo, incrementándose las sensaciones positivas, lo que colaboran con eliminar los estados de estrés, ansiedad y depresión.

- **Ondas alfa:**

Las ondas alfa son las más comunes cuando el realizar ejercicios de meditación, se activan primero; gracias a esto, te sentirás con más tranquilidad. Es muy normal encontrarnos con lo que se denomina "un estado alfa" luego de realizar actividades placenteras como comer chocolate, hacer el amor o practicar un hobby. Al activarse estas ondas cerebrales, calman el sistema nervioso autónomo, disminuyendo la presión arterial y el ritmo cardiaco, tranquiliza la mente al reducir las hormonas del estrés y promueven una relajación máxima.

- **Las ondas Theta:**

Estas están asociadas con la visualización y la intuición, se registran desde el interior del cerebro y a menudo se les considera como un tercer ojo; ya que estas ayudan a obtener sabiduría, son las que predominan cuando se hace cualquier tarea de forma automática: cuando se hace cualquier tarea del hogar y se activan de forma automática: cuando tendemos la cama, lavamos nuestro cabello, o hacemos una actividad como montar en bicicleta, cuando esta se activa o tendrás un estado de ánimo positivo, mejorarás tus habilidades para resolver problemas, tú memoria y tu poder de concentración se incrementarán y disminuirán tus episodios de ansiedad, estrés y depresión.

✓ **Las ondas delta:**

Esta se activa durante la fase de sueño profundo y cuentan con una gran amplitud de frecuencia; como seguramente ya sabes, el sueño es muy importante para relajar la mente, mejorar la capacidad de pensar, estas aumentan la producción de las hormonas antienvejecimiento, promueve la empatía hacia los demás, mejora el sueño y facilita la rápida curación de las heridas.

✓ **Las ondas beta:**

Esta se caracteriza por mantener un estado mental alerta en la corteza frontal, el cual nos permite pensar, analizar y evaluar cada actividad; al meditar estas ondas tienen un efecto principalmente, en ayudar a crear conciencia, mejorando la concentración y colaborando a su vez con el pensamiento lógico.

También cuando meditamos se liberan 4 hormonas:

La oxitocina:

También conocida como la hormona del amor, está involucrada en el desarrollo de la espiritualidad, producida naturalmente por el hipotálamo, actúa como hormona y como neurotransmisor, afectando a muchas regiones cerebrales; todos nosotros podemos aumentar la producción de oxitocina de modo natural: el contacto físico, las palabras positivas, escuchar a los demás, el ejercicio, llorar, y mostrando bondad hacia los demás.

Las endorfinas:

Cuando meditamos, las endorfinas sirven en nuestro cuerpo como analgésico en casos de dolor, producen placer, sensación de bienestar y tranquilidad.

La serotonina:

Esta hormona, es conocida como la hormona del bienestar. Ya que genera sensaciones de relajación, satisfacción, aumenta la concentración y la autoestima; también te ayuda a disfrutar de un sueño reparador, poniendo en marcha el reloj interno del cuerpo. Controla las emociones y las funciones cognitivas.

La dopamina:

Cuando meditamos, esta hormona es responsable de ese torrente de alegría cuando se alcanza un objetivo o una meta resulta exitosa. La dopamina anima el cerebro y produce sensaciones placenteras. También tiene muchos aspectos positivos como: favorecer el estado de alerta o ayudar al páncreas a liberar la cantidad adecuada de insulina después de comer.

Ahora que ya sabes que es tan importante meditar tienes que incorporarlo a tu vida diaria, ya te lo había dicho al principio, comenzar con 20 minutos diarios por la mañana y otros 20 minutos cuando llegues de trabajar, cada semana irás aumentando 5 minutos hasta que alcances 40 minutos diarios por la mañana y por la tarde, es muy importante que te des ese tiempo para ti. Un hábito se demora en manifestarse 21 días para que se incorpore a tu mente, tu misma mente te dirá, te recordará lo que tienes que hacer, debes hacerlo todos los días, mientras consigues el hábito. Te había dicho al principio las cuatro leyes que tienes que proponerte, para poder hacer ese gran cambio que necesitas: Actitud, motivación, disciplina y aprender a de decir ¡no!

La vas a ser en un lugar tranquilo, con música de relajación, incienso para purificar el lugar de energías negativas, piedras de cuarzo como la "obsidiana", que te ayuda adsorber las energías negativas, o "el cuarzo blanco" que es para la salud; también puedes ayudarte con los "difusores" que hay hoy en día, se le pone aceites esenciales y te ayuda a la salud; como por ejemplo: <u>el aceite de menta y lavanda,</u> te ayuda a los dolores de cabeza, migraña, con el insomnio y a dormir mejor; lo puedes colocar mientras meditas para que estimule tu cerebro.

Te preguntarás por qué puse la meditación, si es realmente muy importante, por qué he visto muchos meditadores, fumando, tomando y consumiendo un sin fín de cosas que no le aporta nada a sus vidas, si no nutres tu mente de conocimiento, de nada te va a servir la meditación, y si te nutres de mucho conocimiento y no meditas, no se harán los milagros que hay cuando se medita, porque cuando se medita no hay mente, hay pura conciencia divina y en la conciencia divina todo es posible en tu vida.

Mientras estaba meditando no había canalizado todavía la energía reiki, pues te había dicho que se tarda como el "bambú", no sabría decirte cuánto exactamente, lo que sí te puedo decir es lo que yo me tardé para que se manifestara esa energía: duró 1 año y 3 meses. Fue cuando vine de Colombia, con las certificaciones que me hacía maestro de reiki, pero realmente la certificación solamente es un papel, no te hace maestro, lo que realmente te hace maestro es el conocimiento y las pruebas que el universo te ponen para alcanzar esos dones que tienes incorporado en tu cuerpo y que no los has desarrollado ni despertado, no me atrevía a dar sesiones de reiki, pues todavía no se me había manifestado en mi cuerpo, pero, sí hacía auto reiki, para beneficiarme yo.

Llegaría el momento en que, cuando estaba meditando, sentí como una energía entraba y me sacudía. Te voy a decir cómo se siente: si has llegado a volar en un avión, cuando anuncian las turbulencias por motivo de lluvias, sientes como el avión de un momento a otro, baja y genera esa sensación de vacío en tu cuerpo; a otras personas no les da tan duro, pues solamente se les mueve los dedos de la mano o de los pies; en cambio a otras, cuando están en la camilla se mueve el cuerpo muy fuertemente.

A la primera que tuve la fortuna de hacerle una sesión, fue a mi esposa, pues ella no creía mucho en la energía, pero había visto como yo había leído tantos libros, se quería dar la oportunidad de experimentar o tener beneficios de esta maravillosa energía; se sorprendió mucho de lo que experimentó esa vez, también me asusté yo, pues no sabía cómo iba a reaccionar el cuerpo de ella, tampoco los maestros te lo cuentan… tienes que experimentarlo por tu propia vivencia.

Me asusté mucho, pues el cuerpo no paraba de moverse mientras yo iba poniendo mis manos de chakra, en chakra. Fue entonces, cuando empecé a dar sesiones de reiki a las personas, ya se me había despertado el primer don, pues cuando iba donde personas místicas a que me leyeran las cartas, hubo 2 de ellas que me dijeron que yo en mis manos tenía un don, que todo lo que hiciera con ellas me traería fortuna; no lo comprendía hasta cuando se me manifestó esa bella energía reiki.

Hoy en nuestro cuerpo tenemos 7 chakras, cada uno está especializado en diferentes órganos de nuestro cuerpo, ellos reparten la energía a esos órganos y a todos los chakras sutiles que hay en todo nuestro cuerpo, que son cerca de 88000 chakras sutiles. Cuando un chakra se bloquea, es porque una emoción lo bloqueó, si quieres canalizar la energía reiki tienes que abrir y desarrollar todos tus chakras.

Empezaré por lo básico, cuando el agua fluye por el arroyo, pasa por varios estanques antes de seguir fluyendo, es así como la energía fluye por tu cuerpo, como ves, el agua pasa por varios estanques antes de seguir fluyendo, esos estanques son como nuestros chakras, son estanques de energía que fluyen por nuestro cuerpo. Sí sólo hubiera agua este arroyo fluiría puro y limpio; sin embargo, la vida es difícil y caen cosas en el arroyo… ¿qué crees que pasa?... el arroyo no fluye, pero si abrimos el camino que bloqueó el arroyo, el agua fluirá. Así son nuestros chakras.

Tenemos 7 chakras que son estanques de energías, se le conocen como "ruedas" porque son círculos de energía, tiene un propósito y pueden bloquearse con un tipo específico de "emoción"; tienes que saber qué, abrir los chakras es una experiencia intensa, si empiezas el proceso no puedes parar hasta abrir los 7 chakras:

El primero es el chakra de la Tierra: Se ubica en la base de la columna, tiene que ver con la supervivencia y se bloquea por tus miedos, al perder un trabajo, a no llegar a fin de mes, no poder pagar los servicios, a estar si empleo, <u>es el de lo material</u>.

El segundo chakra es el del Agua: este chakra tiene que ver con el placer y lo bloquea la culpa.

El tercer chakra es el del fuego: Se encuentra en el estómago. Este chakra, se vincula con la fuerza de voluntad y se bloquea con la vergüenza.

El cuarto chakra se encuentra en el corazón: Se vincula al amor y se bloquea con el dolor.

El quinto chakra se encuentra en la garganta: Es el de la verdad y se bloquea con las mentiras, las que nos decimos a nosotros mismos.

El sexto chakra es el de la luz: Se encuentra en el centro de la frente y tiene que ver con el discernimiento y se bloquea con la ilusión, la ilusión más grande en este mundo es la de la separación de las cosas que crees que están separadas, pero en realidad son parte de lo mismo. todo está conectado.

El séptimo chakra es el del pensamiento: Está ubicado en la corona de la cabeza, es pura energía cósmica, se bloquea con los lazos mundanos, medita sobre qué te ata a este mundo. No puedes apagarte a nada, pues todo pertenece a la madre tierra. Cuando consigas dominar esto, los chakras se irán desarrollando, podrás utilizar la energía álmica de DIOS para tu salud. Cuando hayas aprendido a canalizar la energía "reiki", tendrás el control absoluto de todas tus acciones.

Muchas personas alrededor del mundo hacen muchos cursos de reiki, haciéndose a la idea de lo que los maestros acostumbran a decir, que apenas hagas el curso podrás beneficiarte de la energía reiki y hacer sanación para otras personas. Pues se topan con la realidad, de que no es así y simplemente abandonan. He visto personas con el nivel 3, que ya no practican el reiki, pues dicen que no se les manifestó a ellos y realmente el reiki, sí se nos manifiesta a todos, pues es algo que Dios nos ha regalado para nuestra supervivencia y tener una excelente salud. El practicante debe tener en cuenta que no debe poseer estos bloqueos que comúnmente vemos en nuestras vidas, sino que tiene que elevarse en grado alto de conciencia. Y si hace sanación a otra persona y posee estos bloqueos, también le transmitirá esta energía a su aura, por ende no sería beneficioso para esa persona, pues el practicante si posee estos bloqueos, sencillamente no está canalizando la energía reiki. Las personas cuando ven que el reiki, lo pueden tomar para beneficio propio y no para beneficio de otras personas, sencillamente esta energía no se manifiesta. La energía reiki, es una de las terapias más fuertes y amorosas qué hay. **¡Mientras realiza la sanación hay ángeles ayudando en ese momento!**

Ahora te dejo los beneficios del reiki:

1. Reduce el estrés, la depresión y la falta de vitalidad.
2. Mejora las funciones metabólicas.
3. Estimulan las fuerzas de regeneración interna y propias.
4. Genera bienestar y mejora la autoestima.
5. Produce equilibrio y aumenta la claridad mental y la concentración.
6. Mejora los casos de insomnio e incita el sueño.
7. Ayuda en el tratamiento de migrañas, dolores menstruales, estreñimiento, bulimia y hola anorexia entre otros. etc.

El reiki, no presenta contraindicaciones: las sesiones que el cuerpo necesita para recuperarse (haciendo reiki) es mínimo cuatro sesiones. Hoy el reiki, reduce el dolor físico, emocional y mental. Así mismo, se recomienda que cuando una persona quiere hacerse una sesión de reiki, el paciente tiene que encontrarse plenamente consciente durante la realización de la terapia. Por lo que deberá abstenerse del consumo de drogas, fármacos que interfieran en el sueño o alcohol. También el paciente debe tener en cuenta que muchas veces no experimentará nada. Eso no significa que la energía no esté haciendo su trabajo. Muchas personas tienen una energía muy sensible y otras muy fuertes. Otro punto a tener en cuenta, que muchas de ellas siempre van por querer experimentar algo y lo que deben de saber, es que mientras esté despierto, con pensamientos en su mente, ella no se manifestará ante esa persona. Pues el reiki es libre de ego. Vuelvo y repito, eso no quiere decir de que no esté realizando su función.

La energía permanece dentro del cuerpo 24 horas va directamente donde hay bloqueos. La energía reikil fue descubierta y puesta como terapia, por el maestro japonés Mikao Usui, quien nació el día 15 de agosto de 1865 y murió el 9 de marzo de 1926.

El año en que se creó el reiki fue en **1922**.

Mikao Usui

Los 5 principios del reiki:

1. Solo por hoy no me enfadare.

2. Solo por hoy no me preocuparé.

3. Solo por hoy seré agradecido.

4. Solo por hoy trabajaré honradamente.

5. Solo por hoy seré amable con los demás.

Así fue como me formé como maestro de reiki, llegaría la pandemia y fue como pude desarrollar mis otros dones. Toda la pandemia me la pase leyendo, durante 1 año y 3 meses. Escuchando audio libros y tejiendo pulseras de protección. Era artesano, lo había aprendido con los cristales, también hago lo que se llama "dibujos arenados o vitrales". Esto me sirvió para tejer pulseras, pues era muy creativo, necesitaba adquirir paciencia, pues no la había desarrollado, con las pulseras y la pandemia lo lograría. Cada pulsera me demora 4 horas en tejerla ¡me gustaba! La primera, tardé 6 horas y no me quedo bien, la próxima tarde 5 y tampoco me quedo bien, no me desanimaba porque sabía que lo lograría, como todo lo que me he propuesto en la vida; unas han tardado mucho y otras rápido. Un día alguien me dijo: **lo que me gusta de ti es tu perseverancia**. Yo le dije: ¡en eso siempre me he caracterizado… Gracias!

Nada se manifiesta sin la gratitud y sin las afirmaciones, esto es otra herramienta que vas a colocar en práctica, para cambiar y tener un nuevo modelo mental, pues los pensamientos son la parte más importante, para estar sanos, pues las células son microrganismos pensantes y responden a lo que tú piensas.

Afirmaciones positivas:

1. Soy el mejor a la hora de ser yo mismo.
2. Confió en mis capacidades y puedo alcanzar mis objetivos.
3. Soy muy fuerte y siempre consigo lo que quiero.
4. Sé que mañana será un gran día.
5. Me perdono a mismo y a los demás por no ser perfecto.
6. Me amo tal como soy y sin nada más que agregar.
7. Soy el mejor y puedo superar todos los retos y desafíos de mi vida.
8. Me merezco todo lo que el universo tiene para mí.
9. Confió en mí mismo y tengo el control de mí mismo.
10. Mi vida es un regalo y la aprecio.

El doctor Bruce Lipton, demostró que la mente transmite la energía y es porque los pensamientos en tu cabeza son un campo energético. Los pensamientos, si son positivos, crean salud positiva; el pensamiento negativo, puede crear cáncer y otras enfermedades. Por eso, en vez de tratar de curar a la célula, la nueva ciencia es curar la psicología, curar la creencia, curar la mente; la definición de espíritu en la historia, se centra en lo mismo que dice la física cuántica, en el mundo de hoy, <u>espíritu y campo</u> son la misma cosa, fuerzas invisibles que le dan forma al mundo, sus pensamientos generan un campo energético y los pensamientos de una persona saludable, generan salud; la persona que vive con miedo, esa zona que no vive en armonía con el mundo, generará un campo que causa enfermedad.

La nueva ciencia dice: pongamos la mente encima del cuerpo, la mente controla el cuerpo y la razón. {Einstein: "el campo es la única entidad gobernante de la partícula}. Ah, pero en esta historia la mente es la única entidad gobernante del cuerpo, el cuerpo y la partícula física, la mente es el campo y esto cambia toda nuestra visión sobre la salud, porque dice: puedes cambiar tu mente y si cambias tu mente, cambias el campo y si cambias el campo, puedes controlar tu salud, o sea, que no eres víctima, porque puedes crear tu campo.

Muchos años antes de conocer el libro de la "Biología de la creencia", yo me había caracterizado por siempre dar amor hacia las personas, nunca albergar en mi mente pensamientos negativos hacia las personas que me hacían daño, ya con todo lo que he leído he resuelto el puzle de lo que yo creí en algún momento, que se podía vivir sin enfermedad, gracias a todo lo que he leído y el libro de la "biología de la creencia". Puedo dar crédito que soy una persona sana gracias a esos pensamientos y afirmaciones que, hasta el día de hoy, integro en mi vida diaria. Pues lo más importante de saber es que, nuestras palabras crean nuestra realidad de lo que quieres manifestar y tener una vida saludable. He escuchado mucho decir: es que llevo los genes de mi padre o de mi madre. Hoy no podía entender ¿por qué uno tenía que venir con los genes de nuestros ancestros? Es verdad, cuando uno encarna en esta vida, viene con todo el ADN de tus ancestros, eso no quiere decir que tú no puedas cambiar tus genes, pues nosotros somos los creadores de nuestra vida. Dr. Brucé Lipton [es el concepto de que los genes controlan la vida, ¡esto es falso!, los genes no controlan nada, el control es una acción, el gen es un plano, es física y literalmente un hilo con planos de datos, los planos son importantes, no estoy diciendo que no lo sean, si tienes planos malos tienes varios problemas, pero el caso es que, no es la presencia o ausencia de los planos; si se lee en los planos, luego dices bueno pero, el de los planos, la respuesta es un contratista y quién es el contratista: **la mente** es el contratista, lee los genes, pero la mente puede cambiar los genes y eso es algo a lo que la mayoría no le encuentra sentido.

En el mundo convencional la mente puede empezar con un solo plano del gen y luego crear más de 30000 versiones diferentes de productos del mismo plano; así que, los genes no son el factor limitante… es la mente. Recuerda que nuestro cuerpo está formado el 70% por agua. Por lo tanto, el agua tiene memoria. Sí, veo que te has extrañado, hay un científico que estudió cómo se comporta el agua ante las vibraciones. Te lo voy a dejar muy claro, para que entiendas de una vez, que cada palabra que pronuncies está repercutiendo en tus células, cada vez que te dices una mala palabra hacia ti. Y cuando lo entiendas cambiarás tu vocabulario de manera positiva, cada vez entrenarás a tu mente para sacar de tu boca lo mejor de ti, pues trabajando día a día en lo que quieres, conseguirás un hábito que es lo que te llevará al éxito de tus palabras. Todo lo que existe en este mundo vibra, pues esta afirmación no puede ser negada, ni siquiera por los mismos físicos; por lo que "vibración" es simplemente una palabra sinónima de "energía"

La siguiente pregunta es: ¿entonces cómo viaja la vibración? Yo personalmente estoy convencido de que la vibración viaja a través del agua. Y por tanto los "cristales hexagonales" que nos muestra el agua helada, podríamos decir, que representan la fuerza vital de la madre naturaleza. [exponer el agua a la música} la música es vibración, así que, si exponemos el agua a la música su estructura cristalina cambiará. Colocaron agua cristalizada en un microscopio, antes de que se exponga a la música y esto es lo que ocurre cuando ponemos a Mozart. {pequeña serenata nocturna} ocurrió algo fantástico, la estructura cambio. El agua es el más receptivo de los cuatro elementos, el señor Emoto, pensó que quizá reaccionaría a sucesos no físicos, así que empezó una serie de investigaciones: aplicó estímulos mentales y fotografió el agua con un microscopio de campo oscuro. El señor Emoto, considera que el pensamiento o la intención, son el alma mater de todo esto, se desconoce la ciencia de cómo el pensamiento afecta en realidad a las moléculas.

Fotografía del microscopio del agua
De Masaru Emoto

Ahora ya vas entendiendo la realidad de las cosas, vas entendiendo porque yo hasta ahora, con mis 47 años, no tengo ningún tipo de enfermedad. No te puedo negar que muy esporádicamente me da gripa. Pero la gripa debe darnos para poder sacar todo lo que en el momento el cuerpo (mientras que respiras el aire contaminado y las cosas negativas de las personas), termina con ellas y no queda otra cosa que sacarlas. Porque como habrás visto, cuando tienes gripa sacas mucha flema, algunas veces no son muy buenas, a simple vista dan asco. Y cuando esté en tu cuerpo, no le queda otra, si no mandarte una gripa para que pares un poco, pues está colapsado. Ahora vayamos a ¿cómo puedes dejar de fumar, beber y meter drogas? Lo primero, como habrás visto, al comienzo cuando empezaste a leer este libro, te fui dejando pautas, para que fueras apuntando todo lo que necesitas comenzar a hacer, incluyendo, las personas que padecen la tartamudez o gagas. Pues para ellos, deben de leer mucho y siempre delante de un espejo, mirarse como están hablando. No creas que es ridículo, pues sí mirándote al espejo puedes leer o hablar sin que se te pegue la lengua, también lo podrás hacer cuando estés delante de muchas personas. Cuando lees, almacenas datos en tu mente subconsciente, para que cuando los necesites, automáticamente la mente te mostrará la palabra que de momento no percibes.

La clave está en leer mucho, no pares de leer. Si ya sabes lo que te gusta y quieres comenzar a hacerlo, no te quedará otra, si no leer todo lo que esa profesión necesita, para volverse doctor... hay que leer, como también para otras profesiones: abogado, arquitecto, psicólogo, contador, cocinero, maestro de obra y sin fin de artes que hay en el momento. Así que... **¡persigue tu dicha!** porque será la única herramienta que te hará sacar todos tus dones, incluyendo los talentos con la que el alma vino para enfrentar estas duras pruebas. **¡La magia está en el amor!** Todo lo que haces con amor terminará regresando a ti 3 veces más. La gratitud y la bondad son las virtudes más hermosas de un ser humano, que el alma necesita para trascender. En la bondad se almacena todas las virtudes.

Para las personas que beben, fuman y meten drogas, también deben hacer el ejercicio de mirarse al espejo y decirle a ese niño pequeñito que tienen dentro de ustedes, que no hablan con él desde hace mucho tiempo, que lo rescatarán de ese lugar donde ahora se encuentra solo, triste y abandonado. En tu mente solamente creíste que ya eres una persona adulta, que ese niño pequeñito ya no eres tú. Pues debes de entender que esa personita hace parte de ti. También te voy a colocar un ejercicio para que lo digas en tu casa, comenzando a sanar ese niño interior. Pues las personas que tienen el problema de drogas, son heridas emocionales o culpas en su niñez; aparte, también te puedes ayudar con lo que te dejé al principio del libro.

Empecemos primero con las personas que se les dificulta hablar. Te voy a dejar un ejercicio de "autohipnosis" para que lo emplees antes de irte a dormir. Cuando dejas prendido tus auriculares, lo que tú pones en audio, estas palabras van a tu subconsciente. Cuando la mente se desconecta, solamente queda el subconsciente recibiendo la información, queda almacenada para ti y poco a poco irás notando los resultados. Recuerda que son 21 días que tienes que hacer los audios, para que tengas grandes beneficios. También te voy a dejar una serie de afirmaciones para que los vayas poniendo en práctica en tu vida diaria.

Auto hipnosis: [nombre de la persona]

Vas a grabar primero lo que has copiado y pones una música de fondo que no suene más que tu voz (la música la que te guste, pero relajante), ya sabes que la música estimula tu cerebro y las ondas cerebrales. Te vas a acostar en tu cama, vas hacer tres ejercicios de respiración profunda por la nariz, de cuatro segundos que llegue hasta tu diafragma, retienes tres segundos y sueltas el aire durante siete segundos, hasta que todo el aire haya salido por tu boca. Cuando completes los 3 ejercicios de respiración, vas a relajar todo tu cuerpo, sentirás cómo tu cuerpo se adapta a la cama. Vas a percibir el peso de tu cuerpo. Comenzarás relajando los pies, las piernas, la cintura el abdomen, tus manos, tus hombros, tu espalda, tu pecho, tu garganta, los pómulos de tu cara, tu cuero cabelludo… totalmente relajado.

Quiero que imagines que estás en una isla exótica…. Haz un día muy claro… hay una temperatura ideal… vas paseando y disfruta del paisaje... Te sientes bien. Observas las plantas y las flores. Flores que son nuevas para ti… jamás había visto tanta belleza… tanto colorido… Sientes el cantar de los pájaros… te sientes muy relajado y disfruta de lo que ves y de lo que sientes... No hay nada por lo que te debas preocupar... respiras profundamente, notas la pureza del aire... te sientes bien a cada respiración... Continúa espaciando... Disfrutando del momento... Sientes la paz y la calma... El tiempo parece haberse detenido... Sigues caminando por un camino de césped... Te sientes más ligero a cada paso que das... Tiene la sensación de ingravidez... observa la naturaleza en su estado más puro...

Sigues caminando y sientes el sonido de un caudal de agua... te gusta ese sonido... Estás muy relajado y te sientes atraído hacia él... Llegas a un lugar donde hay un pequeño lago... El agua es cristalina... Estás rodeado de un llano muy verde... en el hay un árbol del que cuelgan unos frutos, que desprenden un aroma dulce... Muy dulce... aspiras profundamente... te sientes muy relajado... Sientes la necesidad de tumbarte bajo el árbol y lo haces... Estás muy relajado... Sientes una leve brisa... Refrescante... Estás tan relajado que sientes como flotas... Miras hacia arriba y observas algo muy curioso... Los frutos que cuelgan del árbol están dispuestos en líneas... Líneas de 5... Cuando los miras en conjunto, tienen un color muy bonito... Difícil de explicar... Si lo miras uno a uno, cada uno tiene un color diferente... Muy agradable... Como estás muy relajado y disfrutando de este estado tan especial... Tumbado bajo el árbol... Vamos a contar los frutos... No tenemos prisa en contarlos: Uno... Te encuentras muy bien... Muy relajado... Completamente relajado... observas como el cielo está tornándose de un color rojizo... Esta atardeciendo... Y eso te causa mucha pereza... No tienes ganas de moverte... sólo quieres permanecer tumbado y descansar... Dos... Te sientes mejor... Más relajado... El cielo se vuelve de color rojo oscuro... te siente más cansado... Te está entrando mucho sueño... Esta idea te da ganas de dormir...Tres... el cielo está oscureciendo... Te encuentras muy cansado... Sólo tienes ganas de dormir... de descansar... Todas tus preocupaciones se desvanecen... Se apagan lentamente... Cuatro... te sientes bien... Muy relajado... Ya está anocheciendo... Tu cuerpo se siente tan cansado que ya sólo piensa en dormir... Duerme... No hay nada que te lo impida... Déjate llevar por ese deseo que te introducirá en un estado de relajación... Paz...

Bienestar… Serenidad… Tu cuerpo está muy cansado… Cinco… Ya anocheció… Duerme… Ahora solo oye mi voz… estás dormido… Profundamente dormido… mucho sueño… Sueño… Ahora entras en un trance poshipnotico.

Ralph Waldo Emerson una vez dijo: [has las cosas que tienes miedo de hacer y la muerte del miedo es segura] En estos momentos estás a punto de encarar tu miedo y vencerlo. a través de la historia muchas personas han tenido miedo de hablar en público, tú no eres el único. Muchas han sido rechazadas por haber tenido miedo de hablar en público, la mayoría de la gente lo hace por temor a ser criticado, ya que se avergüenzan si llegan a cometer un error. Sir Laurence Oliver, el gran orador y actor, tuvo miedo de los escenarios durante gran parte de su carrera. Lo mismo le pasó a William Scott, de los programas de la mañana. Algunos cantantes inclusive son tímidos, siente miedo cuando se suben a un escenario, muchos grandes intérpretes y oradores a través de la historia, han padecido de este mal. Muchos se sobreponen y llegan a ser renombrados por sus habilidades. Otros simplemente se quedan estancados deseando ser diferentes. Qué distintas hubiesen sido sus vidas si se hubieran realizado.

Te voy a contar una historia que interpreta la confianza, la seguridad y la timidez. Eran 2 hermanas cada una con sus aspiraciones propias, fueron a la universidad y escogieron sus carreras. Al cabo de los años una se graduó de abogada y la otra se graduó de ingeniera. Ambas tenían sus vidas organizadas, buenos trabajos, familia, hogar; en fin, eran el orgullo de sus padres, excepto que ellas no se sentían realizadas en sus carreras; cada vez se sentían más resentidas cuando tenían que levantarse para ir al trabajo. Pasaron 15 años en la misma rutina y nada había cambiado. Por el contrario, se sentían más insatisfechas en sus carreras. Ambas querían hacer lo que siempre habían anhelado. A la abogada siempre le había gustado la repostería, por lo tanto, quería tener su panadería. Por otra parte, la ingeniera siempre le había gustado cantar y anhelaba grabar sus propios discos, dar conciertos de pueblo en pueblo. Ambas sabían que si emprendían su propio negocio tendrían éxito. 5 años más tarde la ingeniera se despojó del miedo que le producía estar al frente de un escenario y luchó para que su sueño se hiciera realidad. Ahora tiene su propio disco, da conciertos de pueblo en pueblo y lo que es mejor se siente realizada. Ella disfruta ahora de su trabajo y de cada minuto que gasta en él… ¿Eres tú una de ellas? Contesta con el dedo índice derecho para decir que sí y con el dedo índice izquierdo para decir que no.

Voy a contar del 3 al uno, tomas una respiración profunda y te relajas… Comenzando desde ahora, comienzas a repetirte a ti mismo la fuerte afirmación mental: "tú tienes algo valioso que decir, pronunciarás tus ideas con aplomo, serenidad, confianza y mucha calma. Recuerda que ellos se están enriqueciendo con tus ideas, hoy con el conocimiento que tú le estás proporcionando y que ellos desconocen, no dominan el tema como tú lo dominas. Las personas necesitan de ese conocimiento maravilloso que tú has obtenido a lo largo del tiempo, con los libros que has leído, de los seminarios a los cuales has asistido, de la experiencia de tu trabajo, qué maravilloso es poder transmitir este conocimiento para que los demás se enriquezcan y puedan hacer uso de él, así, como tú lo has hecho. Ellos disfrutan y se llenan de esa lluvia de ideas dadas por ti. Obsérvate a ti mismo ahora con el deseo de compartir todas esas ideas dadas por ti. Obsérvate a ti mismo ahora con el deseo de compartir todas esas ideas y todos esos conocimientos. Justo ahora, justo aquí, y justo en estos momentos, cada vez que entres en este sueño conocido como hipnosis, tienes la oportunidad de visualizarte hablando, hoy expresando exactamente lo que quieres expresar".

Cuidando con tu postura, tu lenguaje corporal, practicando cada palabra que pronuncies. No tienen que ser palabras rebuscadas y que no estés acostumbrado a usar, no, sólo un lenguaje simple y técnico del tema a tratar. Sabes a las personas les gusta la sencillez. Justo antes, en los días anteriores al discurso, te invito a que escribas los puntos más importantes del mismo y practiques al frente del espejo. Una y otra vez hasta sentirte cómodo. Te preparaste a ti mismo, organizas tus pensamientos, elige las palabras exactas que lograrán expresar tus ideas y tu mente absorberá todas las sugestiones positivas que te ayudan a permanecer confiado, calmado y relajado diariamente, 2 o 3 veces al día. Haz una pausa de lo que estás haciendo. Relájate y pronuncia las siguientes afirmaciones mentales: "El conocimiento que yo tengo es valioso para compartir. Las personas están ansiosas de recibirlo, puedo verme expresando claramente y con exactitud las ideas. Yo puedo hablar con aplomo y con confianza cuando expreso mis ideas" … haz este ejercicio lenta y calmadamente.

"Tú puedes hablar claramente y con esa actitud. Las palabras y las oraciones fluyen de tu boca y de tu garganta. Tú tienes un discurso fluido y de calidad. Tus pensamientos se mantienen en calma y claros. Tu habilidad para pensar ha mejorado considerablemente. Hoy la gente desea oír tus ideas y aprender de ti. Tú deseas compartir tus pensamientos impresiones y creencias. Tú encuentras que cada vez que hablas públicamente, aprendes algo nuevo. Aprendes acerca de ti mismo. Aprendes acerca del grupo con el que estás compartiendo. Tú disfrutas la experiencia de hablar en público. Recuerda que tú puedes, tú vale y tú mereces". Cuento del uno al 3 y regresamos. Uno… Tú puedes, 2… tú vales, 3… tú mereces… despertamos, estamos aquí en el ahora.

Con este ejercicio de autohipnosis que vas a incorporar a tu vida, lo deberás hacer durante 21 días, recuerda que se trata de crear un hábito. Ahora te voy a explicar ¿por qué es tan importante integrar la autohipnosis a nuestra vida?

Bruce lipton: "La mente subconsciente, es un simple reproductor de casetes, obtienes de ella lo que hay grabado o programado en ella, los programas que obtuvimos durante nuestra vida, durante nuestra niñez. Más que todo esa es la fuente de los problemas que la mayoría de nosotros enfrentamos, una técnica sencilla que puedes usar para reprogramar tu subconsciente… se trata de eso. Todas las noches cuando vayas a la cama, justo cuando te estés quedando dormido, la conciencia estará desconectada. El siguiente periodo de la operación de tu cerebro, mientras tu conciencia está desconectada, son "ondas theta" y esta es la misma función cerebral que tienes en los primeros 7 años de tu vida, entonces si te pones un par de audífonos, por la noche, con un programa de lo que te gustaría que fuera cierto en tu vida, tan pronto como tu mente consciente se desconecte, ese programa se está reproduciendo, pero lo que es interesante, es quien lo está escuchando ya no se trata de mente consciente (está completamente desconectada e inactiva) toda esta información o reprogramación va directamente a la mente subconsciente y lo llamamos "autohipnosis".

Te recomiendo también que visites a un terapeuta en hipnosis, pues ellos sabrán que es lo mejor para ti. Los que utilizan el alcohol y las drogas, también es importante que acudan a un terapeuta de hipnosis, pues ellos te ayudarán a sanar las heridas emocionales y los miedos que de momento enfrentes. Recuerda que no naciste con ese problema. Solamente son pensamientos negativos o traumas que están almacenados en el inconsciente. Lo más importante es que comiences con los hábitos saludables. Pues cuando dejas una adición tienes que reemplazarla por algo que te beneficie, pues si tú le quitas a la mente, tienes que ponerle algo, para llenar ese vacío que le estás dejando.

Lo más importante que quiero que sepas es que cuando lo logres, no te atrevas otra vez a decir que ya puedes controlarlo, pues tienes que entender que las adiciones son demonios que se meten en nuestra psique. Puedes averiguar cuántas jerarquías de demonios existen y son muchas. Si no aprecias tu cuerpo no te amas a ti mismo, siempre se empieza por **el amor propio**. Te voy a dejar 2 verdades de amor propio, algunas de ellas me representan a mí, pues como habrás leído en mi historia han sido 3 mujeres que han roto su lealtad hacia mí. Pero ya en mis otras vidas pasadas tuve que adquirir el amor propio. Porque nunca he vuelto con alguna de ellas. Tanto así, que después que regresé a Colombia, ya con todos mis dones espirituales, puse un centro holístico, que hoy se llama "Centro Reiki Samadhi. Está ubicado en Colombia.

"LA TRANSFORMACIÓN DE TU SER…
y el despertar de tus dones"   YAMIL MORALES MONTOYA

Desde que me formé como terapeuta, soñé en montar un consultorio de terapias holísticas… ¡Hasta que llegó el día y lo logré! Pero mi sueño no acaba ahí, el que tengo todavía en mi mente va a ser grande y como siempre lo he soñado. Pues las personas merecen lo mejor y en mi mente siempre ha estado servir a la humanidad.

Ahora vamos con los 2 mensajes de amor propio Joecust:

De la vida aprendí, que si alguien te abandona y luego regresa generalmente no regresa porque ahora tú le importas, sino porque no encontró a nadie a quien importarle. Como tú no eres un super market para su conveniencia, abierto las 24 horas para cuando le dé la gana venir, apréndete lo siguiente, hay personas que no saben lo que quieren, no les permitas que vengan a aprender contigo.

Te lo digo, porque la primera mujer con quien me casé, cuando regresé a Colombia, pasado 5 meses estando en Colombia, ya tenía organizado el viaje para regresar a Londres, mientras me desplazaba en el taxi me llamó, diciéndome que no me fuera, que todavía me amaba, que no me había podido olvidar. Le dije, tienes que tener en cuenta que siempre te voy a querer como una amiga y maestra que fuiste para mí, pero yo a ti hace tiempo te saqué de mi corazón, ahora mi corazón le pertenece a otra mujer que lo aprendió a valorar durante todo este tiempo, a esa persona es ahora a la que amo. Tienes que comenzar el proceso para poder sacarme de tu corazón, pues no es bueno que permanezcas ese sentimiento. Y lo lograrás algún día, porque muchas almas vienen solamente a enseñar a otras, lo que ella de momento tiene que aprender. Te deseo lo mejor y le colgué.

Recuerda que vales mucho, pues no hay otra copia igual que tú. Eres único y especial en este mundo, sino que no te has dado tu valor, cuando te des tu valor, no necesitarás buscar a las mujeres, pues ellas mismas siempre están buscando lo mejor. Hay muchas personas alrededor del mundo, incluido mujeres y hombres, que pasan todas sus vidas permitiendo que los maltraten y abusen de ellos. Todos tienen que entender, que siempre traes lo que eres. Por eso es muy importante que aprendas a relacionarte de acuerdo a la persona que eres, con los demás que vibran igual que tú. Si son personas tóxicas, aléjate de ellas, pues tú no eres un cubo de basura para que descarguen todos sus pensamientos negativos en ti. Comienza a crecer, verás como el universo te recompensa.

Aprende a vivir con el incómodo sentimiento de que esa persona que tanto amas, ya no va a estar en tu vida, aunque el dolor inmediato parezca interminable, te juro que pasará; aprende a controlar tus emociones, a entender que el hecho de que estés extrañando a alguien con tantas ganas, no significa que tengas que actuar de esa manera y salir a buscarle, sino que es parte de un proceso que está sanando, que pronto pasará, entiende que nunca pierdes lo que es para ti y lo que es para ti, tampoco te dejará, lo que es para ti, no se sentirá forzado, ni te causará dolor, pero mucho menos te hará sacrificarte, lo que es para ti llegará con calma y sin Resistencia, se sentirá bonito; si alguien se fue de tu vida ya cumplió un proceso en ella y aunque duela como está doliendo ahora, te juro que pasará solo necesitas pasar la página y jamás volver al capítulo anterior.

Joecust

Tres preguntas que, al responderte, entenderás en qué debes enfocarte para ser exitoso:

La primera pregunta de ellas es: ¿cómo estás hoy en día con relación a tus resultados económicos? aunque a veces no lo entendamos el dinero es el resultado de nuestro bienestar en todo lo que hacemos, quien ama lo que hace, está llegando al éxito, pero quien está haciendo lo que le toca y no lo está disfrutando, es una persona que siempre tendrá resultados financieros muy escasos y tendrá muchos problemas.

La segunda pregunta que te debes hacer es: cuando me miro al espejo… ¿me gusta lo que veo? si cuando te proyectas en el espejo te sientes seguro, admiras lo que estás viendo y cada día te genera un impulso de gratitud, de bienestar, te digo que vas por el camino correcto; pero si estás haciendo lo contrario, es porque tu diálogo interior no es el mejor, esto está debilitando tu energía, acuérdate que en el mundo todo es energía.

Y la tercera pregunta que te debes hacer es: ¿quién soy yo cuando yo? Entiendo realmente cuál es mi propósito y misión de vida, todo lo que atraigo está enfocado en eso, el gran problema es que la mayoría de las personas mueren y nunca, nunca… entendieron cuál fue el verdadero propósito de su vida, ni desarrollaron sus dones y sus muchos talentos.

Ejercicio para el niño interior: esto le sirve a cualquier persona que quiera sanar su niño interior, pues el 90% de la población mundial, tiene un niño herido.

Esta es una terapia hecha por Margarita Blanco:

Vas a necesitar un espejo de bolsillo. Lo puedes hacer en un lugar tranquilo donde nadie te moleste, es necesario que tengas un pañuelo a la mano, pues vas a llorar cuando lo hagas. Abres tu espejo y vamos a hacer una visualización a través de tus pupilas... Vas a ver tu niño interior. Y cuando veas tus pupilas, lo que no cambia es tu iris, cuando tú miras tus ojos al espejo, vas a ver tu niño interior.

"Vamos a cerrar los ojos y hacemos 3 ejercicios de respiración… como lo hiciste anteriormente, en el ejercicio de "autohipnosis" … cuando abras tus ojos, vas a ver en el espejo a esa niña o niño interior y le vas a decir: "Pequeñito pequeñita, hoy me estoy dando cuenta de que estás allí, de que ciertamente sabemos que hemos vivido muchos momentos difíciles, hemos tenido situaciones difíciles, situaciones complicadas que nos han herido y que nos han lastimado; pero hoy pequeñito, pequeñita... dulce criatura, hoy estoy más claro que nunca, que te quiero rescatar, que quiero traerte aquí a la superficie a escucharte y darte voz, para que me digas que te duele, qué necesitas, cómo te sientes, que me digas qué necesitas de mí, cómo te puedo ayudar, déjame hacer eso por ti, nada me dará más alegría que ir a recuperarte en amor... Pequeñita, Pequeñito... Porque sé que te faltó mucha protección, que te faltó reírte más, que te faltó sentirte más protegida y protegido; te faltó que te trataran con mayor respeto, pero aquí estoy yo para darte todo eso... pequeñita tan hermosa... chiquitico tan guapo... te quiero, te quiero profundamente, con todo el corazón...

Quizá, aún todavía no vaya a recogerte, a rescatarte, a sacarte de ese lugar oscuro donde estás, pero ya sé que estás allí, ya sé a través de tus ojitos, ya sé que estás dentro de mí y poco a poco, voy a ir recuperándote, para darte todo el amor que mereces, porque tú, criatura hermosa, eres mucho más de lo que tú has creído que eres, tú puedes lograr tu sueño, tú vales... ¡eres extremadamente valioso y valiosa! tú mereces lo mejor y solo lo mejor; aquí estoy, aquí estás y muy pronto estaremos más y más en contacto", quédate viendo esos ojitos más por unos segundos, si sientes que deseas llorar o se rueda tus lágrimas, deja las que fluyan, es la niña la que está llorando, es el niño que está diciendo ¿de verdad, de verdad me vas a rescatar?, ¿de verdad me vas a querer y proteger?, ¿de verdad me vas a sacar de este lugar dónde estoy solo y abandonado?

Qué bendición sería si lo hicieras, dile que muy pronto estarás en contacto con esta niña o con este niño. Cierra tu espejito. Recuerda que tienes un niño esperando por ti para ser sanado.

No dejes que las personas de tu entorno te digan qué hacer o no. Porque lastimosamente la mayoría de las personas son escépticas a los dones místicos, pues la hipnosis nunca ha sido avalada como una terapia, sino como algo esotérico.

Ya estamos llegando a la parte final del libro, quedan muchas cosas por contar, pero ya no, en otro libro te contaré sobre el resto de las terapias en las que me formé, gracias a ser receptivo de los dones que estaba desarrollando. No te olvides que tú también posees muchos dones, que están esperando a que los desarrolles, al igual que tus talentos.

No puedes esperar a que se termine tu vida para realmente encontrarle sentido a ella y a tu propósito. Lo último que te voy a entregar son rituales para que los pongas en práctica, ya que la brujería negra y el vudú existen y pueden acabar con tu vida; he visto muchas personas alrededor mío, que han sido víctimas de este maleficio, incluyéndome.

Como te conté, mi expareja me hacía brujería y la madre de ella igual, pero con otra intención, de que me alejara de su hija. El único recuerdo que tengo de ese maleficio es que me dejó las piernas llenas de manchas, pues cuando te hacen brujería en especial vudú, tu cuerpo se mancha.

Cuando salí de todo eso, me prometí a mí mismo, qué aprendería sobre las artes ocultas, me formé como técnico profesional en parapsicología y alta magia, en la Academia Europea de Parapsicología y Alta magia, para poder trabajar en eso. Tienes que tener mucha sabiduría, conocimiento y sobre todo estar protegido. Pues las otras personas que trabajan con magia negra o vudú pueden atentar contra ti y desgraciar tu vida; por eso cada persona que trabaja la alta magia blanca, para ayudar a otros, tiene un gran amor por la humanidad, pues están arriesgando sus vidas.

Cuando comencé a hacer mis primeros rituales, mi esposa no estaba muy agradada con lo que yo hacía, me decía que no tenía por qué hacer eso, que me quedara solamente con lo que había aprendido. A lo que le respondí: lo siento, pero yo he venido con un propósito, el de ayudar con mi conocimiento y mis dones al mundo.

Recuerda que lo que estoy haciendo es magia blanca, no oscura. Me dijo: tienes que pensar en tu vida te puede traer serias consecuencias. Le dije Dios y Los ángeles me protegerán mientras yo esté haciendo esto… pero es algo que necesito hacer y que tú no puedes entender ahora.

Mi esposa nunca ha creído en mí, desde que comencé mi formación, ya llevo 7 años, sigo formándome, pero ya con otro grado de conciencia, con los dones que he podido desarrollar a lo largo de ese tiempo; tampoco mi familia ha creído en mí. Pues todo mi estudio ha sido gracias a mi niño interior y a mí, <u>juntos somos un equipo</u>. Siempre hemos aprendido que el único que necesita creer en uno… **es uno mismo** y agradecerse siempre uno mismo, por los grandes logros.

La mayoría no ven lo que tú puedes ver, así que, si tú quieres despertar tus dones, tendrás que enfrentarte a mucha familia y amigos que muy pronto no estarán disponibles para ti, pues tu grado de conciencia aumentará, ellos seguirán su camino como tú el tuyo. Si crees en ti y amas lo que estás haciendo, sacas toda la basura que hay en ti, te aseguro que los dones comenzarán a desarrollarse por sí solos.

Lo único que no los deja desarrollarse, son tus creencias, que te limitan a pensar que, solamente eres un cuerpo haciendo una experiencia en esta Tierra. ¡No!, tienes que entender que eres un alma haciendo una experiencia en un cuerpo. Cuando desarrollas el amor en ti, podrás hacer grandes cosas que en algún momento nunca pensante que podías realizar, **pues hay una fuerza indescriptible dentro de ti esperando ser manifestada**.

Recuerda estos tres consejos:

1. Rodéate de personas cuyos ojos se iluminen cuando te vean llegar.
2. Lentamente es la forma más rápida de llegar, a donde quieres estar.
3. La cima de una montaña es la base de la siguiente, así que, sigue subiendo.

"LA TRANSFORMACIÓN DE TU SER…
y el despertar de tus dones"   YAMIL MORALES MONTOYA

Muchos dijeron que me quedaría solo, tuvieron razón, la única cosa que me dijeron en la cual sí decían la verdad, pero no porque yo sea mala persona, no porque yo haga daño a nadie, no porque nadie me quiera, sino porque a donde quiero llegar no puedo llevarme a todo el mundo, sino porque a donde quiero llegar no todo el mundo puede seguir mis pasos, porque a donde quiero llegar no todo el mundo lo entiende.

Hay espacio para todo el mundo; pero si me quedara solo, sería por decisión propia, será porque prefiero el éxito, a las caretas y los egos del mundo; será porque prefiero estar en paz conmigo mismo y en guerra con todo el mundo… no tengo miedo de perder a nadie, mientras no sea a mí mismo. Me he perdido muchas veces y en todas me he terminado arrepintiendo, no volverá a pasar una vez más, pues ya conozco mis dones y propósito.

Recuerda que las 3 cosas más importantes que hay en tu vida, son: tú, tu salud y tiempo. Y las 3 cosas más importantes que hay en la vida son: la salud, el tiempo y la familia… ¡que no se te olvide nunca!

Cuando vayas a hacer rituales, debes de estar con buena actitud. Un lugar tranquilo donde nadie te moleste, sobre todo comprar los mejores productos que necesites para tu ritual, nunca pidas rebaja pues la magia se perdería. Recuerda nunca desviarte hacia la magia oscura, pues terminarás arrepintiéndote por el resto de tu vida, porque cuando la tocas, se vuelve adicta a ti. Llevo cerca de 5 años haciendo rituales y nunca he hecho un ritual de magia oscura.

En mi mente solamente cabe el bienestar para las personas. Las almas que de pronto ofendes en algún momento han sido tus padres, hermanos o cualquier miembro de tu familia, así que, cuando vayas a insultar a alguien mejor dale la bendición y esto será lo mejor para ti.

Ritual para tumbar magia negra y alejar malas influencias:

Necesitaremos un huevo, un vaso nuevo lleno con 3/4 partes de agua, 9 velas de las blancas, se coloca el huevo dentro del vaso con agua y se invoca a santa clara. Rezando la oración 3 veces: "hoy pidiendo que traiga paz y armonía, alejando todo lo malo, se enciende una vela blanca en honor a ella, este ritual se repite durante 9 días seguidos; al final de este periodo se tira el agua a la calle hoy y el huevo se lleva a un parque donde se estrella contra el suelo, se invoca nuevamente a santa clara, se le pide que desaparezca el mal de la vida de uno y obtenga felices resultados.

Ahora te voy a dejar otro ritual para limpiar tu aura, ya que en el aura se pegan larvas astrales y cualquier tipo de mal de ojo que te hayan hecho, esto servirá para que estés limpio y puedas darte el baño de prosperidad que a continuación te voy a dejar.

Ritual para la limpieza de aura:

Necesitarás una bolsita de algodón, alcohol, vinagre y una cacerola resistente al calor. Coges un algodón y lo empapas con el vinagre, comienzas a limpiarte por todas las partes de tu cuerpo. Empezando por tu cabeza, vas a necesitar aproximadamente 13 a 15 algodones, eso es lo que necesitarás para limpiar todo el cuerpo, recuerda pasar uno a uno los pasos en el proceso que te estoy indicando; sobre el vinagre siempre tienes que empapar uno a uno con el vinagre, cuando ya hayas limpiado todo tu cuerpo por delante y detrás, estos algodones los vas a echar en la cacerola, a la cual vas a echar un vaso de alcohol, para que queden bañados con el algodón y pasas a aprenderlo, recuerda decir la oración de san Cipriano, para que te ayude a alejar todo el mal. Este proceso lo repites, cuando sientas tu vida estancada.

Ritual para la prosperidad:

Baño de girasoles para la prosperidad, necesitaremos: 3 girasoles, 7 estrellas de anís, 7 clavos de olor y 3 rajas de canela; dejamos hervir durante 25 minutos, colamos y dejamos reposar 30 minutos, después que se haya enfriado, echamos un chorrito de agua florida, una botellita de lluvia de oro y una lluvia de plata, por último, un chorrito de miel. Este baño lo vamos a hacer durante 7 días seguidos, en luna creciente o Luna llena. Recuerda que primero tienes que bañarte normal te secas con la toalla y luego pasas a echarte el baño, lo dejas para que el aire sequé el cuerpo. No olvides rezar la oración de la prosperidad.

Estos 3 rituales te ayudarán en tu vida diaria, el resto de los rituales para tu casa o negocio lo encontrarás en mis redes sociales, que encontrarás al comienzo del libro y terminando también.

Hay una cosa muy importante que tienes que tener en cuenta, para qué los rituales se te manifiesten más que todo en la prosperidad. En "Las constelaciones familiares" de Bert Hellinger, habla sobre la importancia de honrar a los padres y a la familia. De ello depende la abundancia y la prosperidad. La madre da la abundancia y las relaciones sentimentales, cuando no honras a tu madre no vas a obtener esto; y el padre aporta la prosperidad y el crecimiento financiero, pues es el que da la fuerza, para que los proyectos se te manifiesten. Sino los honras, no esperes a que el universo de recompensa.

Debes tener en cuenta que, gracias a ellos vives y tú los elegiste para aprender lo que de momento viniste a aprender. Si honras a tu padre y a tu madre, tenlo por seguro que tu éxito estará seguro, no te olvides que las constelaciones familiares, juegan un papel muy importante en nuestras vidas, si no las conoces te invito a que aprendas de ellas para que tu vida sea mucho más placentera. Pues en nuestro sistema del ADN está toda la programación de todos nuestros ancestros, por ende, si no estás haciendo bien las cosas se manifestarán en enfermedades.

Ya en la próxima edición, te contaré más en profundidad, sobre las personas que hasta en el momento he atendido, logrando grandes resultados, gracias a las herramientas que tengo para ofrecerles.

Espero que haya sido de gran agrado, la lectura de este libro pues he tardado casi 25 años en llevarlo a cabo, no quería colocarlo en varios libros, si no que aquí has leído más de tres, puesto que veo mejor el aporte hacia las personas. Cuando tú das de corazón, el universo te recompensa 7 veces más.

Recibe mi más profundo respeto, porque, por lo que estás pasando ahora, sé que es muy fuerte, pero te aseguro que si sigues mis recomendaciones encontrarás la luz que hay en ti. Con este mensaje me despido.

Bruce Lipton.

"No debes ver para creer, debes creer primero para que tu mente te deje ver todo lo que experimentamos en nuestros primeros 7 años de edad, en los cuales se formó nuestro autoconcepto, de ahí en adelante, la mente se corrige a sí misma a ese pensamiento y lugar para mantenerte donde crees que perteneces. ¿Alguna vez has tenido un elefante frente a ti? ... son criaturas tiernas e imponentes en tamaño, con una fuerza abrumadora, capaces de causar estragos en un ataque de ira. Ahora imagina ese mismo elefante con una de sus patas atadas, con una cadena delgada y débil, pensarías que es absurdo, sabiendo que tiene la fuerza para romper una cadena, 30, o hasta 50 veces más gruesa, de lo que pesa.

Es que este elefante fue atado con esa misma cadena delgada, cuando era pequeño, no tenía fuerzas para arrancarla, el pequeño elefante intentó, intentó y trató de huir hasta que finalmente se dio por vencido, es allí cuando está creciendo, que los domadores saben que el elefante no volverá a intentarlo y una vez adulto, aunque él puede romper la cadena, girar el poste con un simple movimiento, ni siquiera se le ocurre intentarlo, no se cree capaz; entonces tienes una criatura imponente, con un potencial enorme, dominado por un poste y una cadena delgada.

Lo mismo ocurre con nosotros los seres humanos, nos programan, nos limitan desde pequeños, dudamos de nuestro potencial, no creemos que tengamos dentro de nosotros lo que se necesita, y a menudo, ni siquiera lo intentamos.

Una vez que la mente está programada, pasa su vida corrigiendo para mantenerse donde cree que pertenece. Cuando ya no aceptas esas creencias, limitantes, entonces **¡rompes las cadenas!**, sacas ese ser que hay en ti, te transformas en tu mejor versión, porque eres un ser de energía y la energía no puede ser destruida, sino que se trasforma. **¡Desarrolla y saca tus dones… están esperando por ti!**

"LA TRANSFORMACIÓN DE TU SER... y el *despertar de tus dones"*

YAMIL MORALES MONTOYA

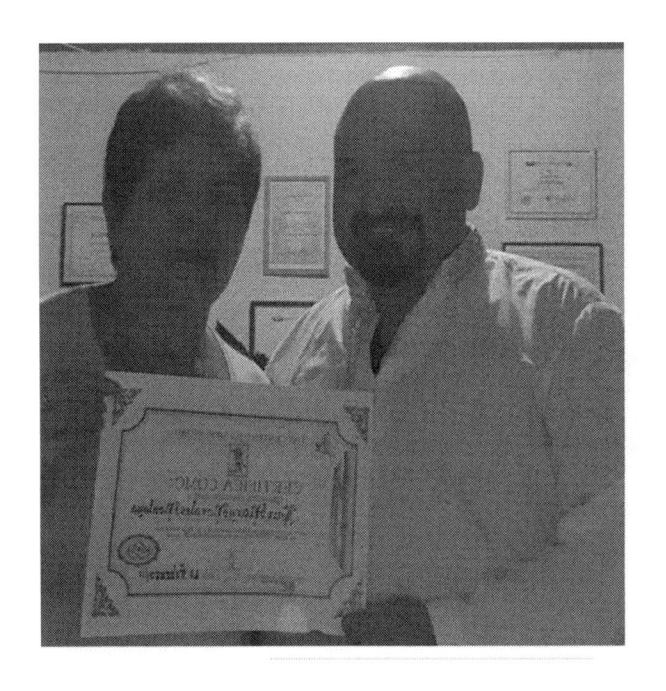

"No puedes esperar a que tu vida se torne difícil, Para poder buscar ayuda. No dejes que tu ego, te separe de lo que Tú necesitas."

Yamil Morales Montoya

"LA TRANSFORMACIÓN DE TU SER... y el *despertar de tus dones"*

YAMIL MORALES MONTOYA

"LA TRANSFORMACIÓN DE TU SER... y el despertar de tus dones"

YAMIL MORALES MONTOYA

Agradecimientos:

Las maravillosas letras de este libro no serían posibles sin el esfuerzo y dedicación de **mi niño interior**, gracias a él, a escuchar su llamado, es posible este libro. Porque gracias a él, pude disfrutar de lo maravillosa que es la vida con sus problemas y pruebas… Te amo.

A **Dios**, por permitirme vivir y disfrutar de esta maravillosa vida y de cada momento, él lo es todo.

A **mis amados hijos, hermanos y familia** en especial a **mi madre,** por cuidarme durante la niñez, por sus oraciones, que me acompañan día a día; sus valores los llevo en mi corazón. A mi padre, por ser mi maestro, mostrarme los defectos que una persona puede poseer y no ser ese reflejo…gracias por la vida que me dieron y sin nada más que agregar.

Quiero dar las gracias a los que me han acompañado en **mis redes** y hacer posible mi crecimiento… los amo.

A mi diseñador gráfico **Juan Gómez.**

A la **Organización Ladpp,** por permitirme hacer las terapias en su centro, para ayudar a la comunidad de latinos en la ciudad de Londres.

A mi sponsor Fadamo limo car Services corp. NY Electric Luxury car services.

A mi maestra y escritora **Janeth Suazo**, por enseñarme como publicar este libro.

¡NAMASTE!

"LA TRANSFORMACIÓN DE TU SER... y el *despertar de tus dones"*

YAMIL MORALES MONTOYA

Contactos: Maestro y Terapeuta

Yamil Morales Montoya

Facebook

https://www.facebook.com/

satori. Samsara

Instagram

https://instagram.com/reikimagia11

Tiktok

Reikimagia11

Deja que otras personas te sigan con tu código QR

TikTok

www.reikisamadhi.com

"LA TRANSFORMACIÓN DE TU SER... y el despertar de tus dones"

YAMIL MORALES MONTOYA

"LA TRANSFORMACIÓN DE TU SER... y el despertar de tus dones"

YAMIL MORALES MONTOYA

"Para ti, mi querido lector y mi querida lectora, que tu vida este llena de triunfos y éxitos...

Que Dios ilumine tu futuro.

Dios te bendiga inmensamente."

"LA TRANSFORMACIÓN DE TU SER... y el despertar de tus dones"

YAMIL MORALES MONTOYA

Printed in Great Britain
by Amazon

dd255fef-6bec-4f9e-ae0d-0727d0b4f60aR01

"LA TRANSFORMACIÓN DE TU SER... y el despertar de tus dones"

YAMIL MORALES MONTOYA

Printed in Great Britain
by Amazon

dd255fef-6bec-4f9e-ae0d-0727d0b4f60aR01